N'oubliez pas de vivre

Thibaut de Saint Pol

N'oubliez pas de vivre

ROMAN

Albin Michel

À T. T.

« C'est donc à cause de vous, sinon pour vous, que j'écris. Et puisque j'ai le droit de tout dire – je n'ai que ce droit-là –, j'ajouterai ceci : ces mots que vous serez seul à déchiffrer, je les destine à d'autres que vous. »

Elie Wiesel,
Le Testament d'un poète juif assassiné

Premier regard

« Je ne veux pas être un saint, plutôt encore un pitre... Peut-être suis-je un pitre... Et cependant, ou plutôt *pas* cependant – car, jusqu'ici, il n'y eut rien de plus mensonger que les saints – c'est la vérité qui parle par ma bouche. Mais ma vérité est *terrible*, car jusqu'à présent, c'est le mensonge que l'on baptisait vérité. »

NIETZSCHE,
« Pourquoi je suis un destin », *Ecce Homo*

L'ÉTÉ est terminé. Vous avez connu les joies du bachelier. Une demi-douzaine d'épreuves passées dans un vieil établissement. Glauque. Vous avez connu les angoisses des jours de résultats. Celles des interminables listes sur lesquelles on cherche son nom. Vous l'avez bien eue, votre mention. Mais tout cela n'était rien. Et vous le saviez. Ce n'était que l'annonce de temps plus difficiles où, loin du foyer familial, il vous faudrait affronter vos études supérieures. Vous avez connu les plaisirs de la plage. Les couchers de soleil. Vous étiez conscient que bientôt ils vous manqueraient et que vous regretteriez cette vie insouciante qui avait été la vôtre jusqu'alors. Sable. Sieste. Soirée. L'été est passé.

Et vous voilà en direction de la prépa. La banlieue défile derrière les vitres de la voiture. Tout est si nouveau, si quelconque. Un jour peut-être, vous y reviendrez avec nostalgie. Comment savoir si un lieu va marquer votre vie ? Le véhicule roule inexorablement vers sa destination et vous êtes à bord. Vous ne savez pas ce qui vous a poussé à faire ce choix. Choix incertain mais possible. Il est des décisions qui dévorent une vie. Votre main tremble quand vous feuilletez la brochure que vous a envoyée l'établissement. Vous voudriez déjà la refermer, mais une force confuse vous retient. Plus vous la parcourez et plus vous vous dites que ce n'est pas pour vous. Vous n'êtes pas fait pour *ça*. Et pourtant il est trop tard. Il va vous falloir y entrer : ce n'est qu'une question de minutes. On vous en a déjà parlé, bien sûr ! Comment le contraire serait-il possible ? Mais vous voulez vous faire votre propre idée. Après tout, c'est votre vie, votre choix !

Vous soupirez. Ce qui est fascinant dans les sommets, c'est l'ascension qui permet d'atteindre l'inconnu. Or, que vous est-il proposé dans ces lignes sinon la perspective de l'exploit et l'ivresse des hauteurs ? Quoi de plus merveilleux que de contempler son crépuscule en altitude ! Et vous êtes encore jeune ! Mais la fatigue ? Et la souffrance ? Oui, cela ne se fera pas sans peines et sans peurs. Ni sans pleurs.

Vous roulez vers cette école où vous devrez dormir ce soir. À quoi pensez-vous alors ? Vous avez peur ? Peur de tout ce qui va vous arriver, de tous ces changements qui bouleversent votre vie d'enfant. Vous avez déjà connu les appréhensions des veilles de rentrée. Mais là, c'est autre chose. Vous allez droit vers l'inconnu. Tout est si nouveau, et tellement effrayant.

La voiture arrive. Château. Parc. Parking. Vous y êtes. Il faut sortir. Il faut ouvrir et partir. Vous embrassez vos parents et pénétrez dans l'établissement. Vous découvrez l'internat qui se situe au second étage du vieux lycée. Vous longez ses parois décrépies et ses murs ternes jusqu'à votre chambre. Elle se trouve au milieu du couloir. Vous jetez un dernier regard autour de vous et introduisez dans la serrure la clé que vous a remise l'intendant quelques minutes auparavant. C'est une clé de sécurité semblable à celles qui ferment les coffres des banques. Elle est longue, aplatie, et présente en son bout une tête crénelée. Vous n'avez jamais tenu rien de tel dans vos mains et votre geste est un peu gauche. Vous tournez la clé dans la serrure mais rien ne se passe. Soudain elle s'enfonce entièrement et se laisse pivoter sur la gauche. La porte s'ouvre.

Vous n'avez pas obtenu une des petites chambres de l'internat, que l'on réserve d'habitude aux élèves de première année. Vous avez eu de la chance : votre cellule est une des moins exiguës du couloir. De plus, ses deux fenêtres ouvrent sur la cour et ses platanes. Vous apercevez dans le coin supérieur droit votre salle de classe dont la porte est dissimulée sous le patio. Les murs grisâtres de votre chambre laissent apparaître par endroits des taches blanches, signes de sa lointaine jeunesse. Le sol est recouvert de dalles de plastique. Sous les fenêtres reposent un large bureau et deux chaises. Pourquoi deux ? Vous ne savez pas. Vous vous tournez sur votre gauche et contemplez le lit. Votre premier mouvement est de vous y laisser tomber. Est-il confortable ? Vous vous attendiez à des strates moins rigides. Heureusement, un ancien occupant a pris soin de déposer sur le sommier une planche de bois qui rend le tout moins flasque. Vos nuits seront douces.

Face au lit se dresse une imposante armoire en contreplaqué bleu. Sa porte droite est branlante. Cette meurtrissure crée une difformité qui s'allie bien au reste des lieux. Vous vous dirigez alors vers le dernier élément de votre nouveau foyer : un petit lavabo crasseux dissimulé derrière l'armoire. L'eau qui y coule est un peu jaune. Vous ne la boirez pas. Vous retournez au centre de la salle. Combien de générations d'étudiants ont-elles déprimé dans ces murs ? Combien ont rêvé de se pendre au néon qui immerge la pièce dans une lumière glaciale ? Vous regardez votre chambre d'un regard inquiet. Cette laideur environnante est nouvelle pour vous. Et vous devrez pourtant y vivre. La demeure maternelle est désormais lointaine, et pour toujours. Vous êtes seul. Seul face à cette armoire qui vous regarde d'un air triste. Vous la remplissez de votre linge et glissez sur son chef votre sac de voyage. Vous vous asseyez sur votre lit. Vous y êtes.

Mais il va falloir vous lever le lendemain et combattre. Vous vous couchez. Mais vous ne dormirez pas. Appréhension ou excitation ? Peu importe ! Vous sautez de votre lit au petit matin, un peu en avance sur l'horaire que vous aviez prévu. Vous enfilez les habits préparés la veille en réponse à la grande question : comment s'habiller ? Vous vous êtes décidé après maintes tergiversations pour une chemise et un pantalon neutre. Net, mais pas trop élégant. Histoire de passer inaperçu. À quoi pensez-vous alors ? À rien, à votre enfance, à votre avenir, à vos parents, à votre cartable qui est troué. Tout vous paraît si peu futile. Vous êtes seul. Vous avez bien croisé la veille un ou deux condisciples dans les couloirs. Ils marchaient d'un pas hésitant et se sont engouffrés dans leur antre dès que vous avez passé la tête par l'entrebâillement de votre porte. Vous entendez par instants des bruits de choc, de chute, de chasse. Mais cette présence est anonyme, étrangère. Elle accentue votre solitude. Quel motif, quel prétexte pour aborder l'autre ? Lui dire bonjour est presque suspect. Oserez-vous ? Vous avalez deux gâteaux dans votre chambre et décidez d'errer dans le lycée jusqu'à l'heure de la rentrée.

Vous descendez le grand escalier dont les lucarnes laissent apercevoir le château qui borde le lycée. Allées. Parc. Parking. Et vous vous dirigez vers la salle de cours. Vous êtes en avance. Vous traversez les couloirs sombres qui mènent au patio. Vous arrivez ainsi dans la cour du lycée, non loin de l'entrée de l'établissement. Trente minutes à patienter avant la confrontation. Vous n'êtes pas seul. D'autres étudiants tombés du lit se tiennent nerveusement devant la porte. Personne ne se parle. L'heure est trop grave, trop lourde. Bientôt les grilles du lycée sont ouvertes et les arbres laissent apparaître une foule de jeunes gens hagards qui remontent en silence l'allée conduisant aux salles de classe. Seul au milieu de cette marche funèbre, vous vous sentez perdu. On enterre votre enfance ! À quoi pensez-vous ? Encore cette question... Si vous cessiez de vous la poser, peut-être y verriez-vous plus clair dans le tumulte de vos pensées... Alors vous vous videz la tête. Mais déjà vous voilà devant la porte de la salle 5.

Vous tremblez. Vous trouvez cette réaction ridicule. Mais il est des choses qu'on ne contrôle pas dans ces moments-là. Tous les élèves se massent devant la porte. Un jeune garçon aux yeux verts vous sourit. On vous pousse par-derrière. Vous avancez. Puis vous vous arrêtez un instant sous le porche et contemplez la pièce. Une cinquantaine de jeunes gens, qui ne semblent pas moins angoissés que vous, y sont installés. Vous vous asseyez à côté du garçon. Il sort un papier et un crayon. Vous faites de même. Le silence règne.

Soudain, un grand homme blond entre dans la classe. Sa chemise brune entrouverte laisse apparaître une musculature imposante. Du haut de sa trentaine d'années, cet ancien polytechnicien contemple son auditoire. Il s'installe sur l'estrade et se présente comme votre professeur de mathématiques. Il va droit au but. Les deux années à venir seront difficiles. Toutefois, à quelle autre période d'une vie peut-on sacrifier tout son temps à l'intelligence ? Quand on est mère de trois enfants ? Quand on est un chef d'entreprise qui a perdu le sommeil ? Quand on connaît le grand amour ? Non, le système des classes préparatoires vous prend au sortir de l'enfance avant que ne se soit éveillé l'adulte et que vous ayez goûté aux plaisirs de la liberté.

Car vous devez renoncer à votre liberté. La science est la plus jalouse de toute les maîtresses, n'est-ce pas ? Elle sera votre exclusive compagne. Mais elle vous paiera en retour, car ses plaisirs sont les plus violents et les plus voluptueux que vous connaîtrez de toute votre vie. Mais comment pourriez-vous alors le soupçonner ? Vous n'avez que vingt ans !

Votre professeur de mathématiques vous explique que vous êtes ici pour préparer un concours. Vous avez choisi une filière qui vous demande de pratiquer la philosophie comme l'histoire ou les sciences sociales. Vous devrez exceller partout pour réussir. Travail. Devoir. Sélection. Seul, vous n'y arriverez pas. Vous devez travailler avec les autres. Vous préparez un concours, mais ensemble. Et le maître de conclure : « Toutefois, à la fin de l'année, seulement la moitié d'entre vous passeront en khâgne. » Seule une trentaine d'élèves seront sélectionnés et admis en année supérieure. En une phrase, l'enseignant vient de créer la tension qui marquera les dix mois suivants. Satisfait de cette conclusion, il range ses affaires et vous invite à le retrouver dans cette salle après le repas. Tumulte dans la pièce. Tout le monde se précipite vers la sortie.

Vous remontez dans votre chambre. Seul. Silence. Soupirs. Soudain s'affiche l'heure de découvrir la cantine. Vous quittez votre couche et descendez au réfectoire. Une file d'attente oblongue en cache l'entrée. Il vous faudra attendre des dizaines de minutes, comme chaque jour dorénavant. Et vous avez faim. Très faim. Cette attente semble chaque fois ne jamais devoir s'achever. Le plaisir du repas est un des rares qu'il vous reste. Mais cela, vous ne le savez pas encore. La nourriture est immangeable. On vous avait prévenu. Mais vous, vous avez faim. Très faim. Alors vous mangez. Il vous arrivera parfois dans les mois d'hiver d'apprécier la soupe du chef ou les salsifis à l'eau. Mais ce ne sera pas suffisant pour donner du sens à vos journées.

L'heure de retourner dans la salle arrive mollement. Le grand mathématicien s'éclipse et cède la place à ses collègues. Commence alors le défilé des différents enseignants. Le professeur d'histoire vous présente le programme. C'est une grande dame à la longue robe fleurie qui a ses entrées dans les salons parisiens. Elle ne vit que pour ses élèves au travers desquels elle accomplit ses rêves de grandeur. Elle insiste sur les échéances à venir, pourtant si lointaines à vos yeux : dans deux ans, vous devrez maîtriser les aspects politiques, économiques et sociaux de la France de la Commune à nos jours. À cela s'ajoute la connaissance de l'histoire des États-Unis, de la Russie, de l'Allemagne et de la Chine depuis la fin de la Première Guerre mondiale. Vous rédigerez une composition de six heures sur un thème tiré de ce programme. L'enseignante vous cite à titre d'exemple le sujet de l'année passée : « La IIIe République et l'arbitrage des intérêts particuliers. » Le silence dans la salle devient pesant. La dissertation d'histoire n'est qu'une des six épreuves écrites que vous devrez réussir pour pouvoir accéder aux épreuves orales. Vous attend alors un exposé oral de quinze minutes suivi du même temps de questions, sur des sujets tels que « La bourgeoisie chinoise sur les côtes dans l'entre-deux-guerres » ou « La République d'Herriot ». Mais tout cela pour vous, c'est dans deux ans, et plus vraisemblablement trois. C'est le temps qui vous est imparti pour acquérir toute cette science, ou du moins les signes qui feront croire que vous la possédez.

Au bout de deux heures, votre professeur d'histoire disparaît dans la cohue des hypokhâgneux qui se précipitent vers la sortie. Elle a eu le temps de vous glisser une bibliographie d'une page et demie qui regroupe les premiers ouvrages de base dont vous ne pouvez vous épargner la lecture. Vous ne connaissez aucun des auteurs et seuls les titres évoquent des heures de lecture passionnantes. Vous êtes encore innocent. Mais, bientôt, vous craindrez ces terribles listes. Vous compterez fébrilement le nombre d'œuvres et en choisirez une ou deux que vous achèterez place Saint-Michel et lirez en diagonale.

Vous ramassez vos affaires et rejoignez vos camarades à l'extérieur. Là, des anciens élèves attendent, trop contents de l'aubaine. Ils vous persuadent, livres à vendre à l'appui, de la nécessité de dominer les auteurs qui figurent sur la bibliographie, surtout ceux qu'ils sont prêts à vous céder pour un prix si modeste. Ils ne les ont jamais ouverts. Vous ne les ouvrirez jamais. Juste les premiers, pour voir. Très vite, vous serez submergé d'ouvrages, d'articles et de cours à connaître et vous parerez au plus pressé. Les bibliographies iront nourrir les poubelles déjà bien garnies de brouillons de maths et de fiches réalisées par des camarades.

Les hypokhâgneux se pressent autour des vendeurs. Ils cherchent des conseils, des encouragements, mais surtout un signe qui témoignerait qu'on peut survivre à la prépa. Tout comme vous, ils ont été impressionnés par les harangues du professeur de mathématiques et les exigences de l'historienne. Vous vous tenez un peu à l'écart et discutez avec une jeune fille de votre classe. Elle s'appelle Julie et vient d'un grand établissement parisien. Les regards obliques sur sa jupe plissée vous signalent combien les garçons alentour paraissent sensibles à son charme. Elle s'est appuyée nonchalamment contre le mur et vous parle en posant doucement sur votre visage ses yeux scintillants. Elle a déjà lu un certain nombre d'ouvrages cités par l'historienne. Mais, pour peu que vous puissiez en juger, sa culture semble bien plus large. Elle respire l'intelligence. Elle vous explique, lucide, ce qui l'a poussée à venir dans ce lycée.

Ses parents se sont rencontrés lorsqu'ils étaient élèves en classe préparatoire scientifique. Impossible pour elle d'échapper à leurs exhortations. Elle s'est inscrite en prépa sans être véritablement convaincue. En ce jour de rentrée, elle hésite. Elle sent que bientôt il sera trop tard pour faire marche arrière et s'inscrire à la Sorbonne. Son petit copain s'attriste de la voir disparaître pour au moins deux ans dans un univers inconnu. Elle veut faire de l'histoire. Rien que de l'histoire. Elle ne se voit pas passer de longues heures à faire des mathématiques et de l'économie. Cela ne l'intéresse pas. Alors elle se laisse quelques jours pour prendre une décision.

Les doutes de cette jeune fille vous inquiètent. Vous venez d'un petit lycée de banlieue et personne ne vous a poussé à entrer en classe préparatoire. Pourquoi alors avoir choisi l'option la plus difficile ? Vous ne tiendrez sans doute pas plus de quelques semaines loin de votre Vexin natal. Vous irez néanmoins jusqu'au bout de vos moyens, pour ne pas avoir de regrets. Vous craignez trop les remords.

Le professeur de sciences sociales est déjà dans la salle et vous invite à regagner votre place. Il parlera aussi deux heures. Il présentera le programme. Et ses exigences. Et la méthode. Et l'épreuve. Mais déjà, c'en est trop ! Vous saturez. Vous repartirez avec une nouvelle bibliographie dans votre sac. Ce petit monsieur au costume sombre, qui s'essuie régulièrement le front avec un mouchoir en tissu, disparaîtra aussi derrière la porte de la salle 5. Il vous laissera, vos camarades et vous, face à la prise de conscience de l'ampleur de votre tâche. Un peu désemparé, vous regagnez votre chambre. Puis vous rejoignez le réfectoire. Vous partagez votre repas avec quelques élèves de votre classe. Ils parlent du dernier livre de Mishima. Qui est Mishima ? Vous l'ignorez ! Après une dizaine de minutes, vous osez finalement une timide question. On vous explique gentiment que c'est un écrivain japonais. Il s'est suicidé. Il était homosexuel. Voilà tout. On s'étonne de votre ignorance et on vous souhaite une bonne nuit d'un sourire bienveillant.

Alors que vous regagnez votre chambre, vous pensez que vous vous êtes trompé. Vous n'avez pas votre place ici. Un chat passe dans le couloir. Vous vous déshabillez et vous pensez que pourtant tout n'est pas perdu. Après tout, vous y croyez. Vous allez vous battre et y arriver.

Première douche froide

> « Il rêvait à une thébaïde raffinée, à un désert confortable, à une arche immobile et tiède où il se réfugierait loin de l'incessant déluge de la sottise humaine. »
>
> J.-K. HUYSMANS, *À rebours*

PEU à peu, vous vous habituez aux coutumes de l'internat. Vous avez pris possession de votre partie de réfrigérateur dans le local commun. Vous avez retenu quelques prénoms, vous en avez oublié beaucoup. Vous avez serré des mains, échangé des bonjours. On vous a isolé au milieu de l'aile scientifique des dortoirs. Car vous êtes une sorte de bâtard, mi-littéraire mi-scientifique. Vous étudiez les lettres, mais travaillez vos maths. Vous lisez Kant, mais vénérez Bourdieu. Qui connaît l'existence de la khâgne scientifique ? Personne. Pas même vous, il y a si peu de temps. C'est une filière par trop exigeante.

Vous l'avez compris dès le premier soir, alors que vous attendiez pour pénétrer dans le réfectoire. Deux matheux qui vous précédaient dans la file d'attente vous entretenaient de la « choucroute de la mer » annoncée sur le programme des réjouissances culinaires. Le menu placardé sur la porte de la cantine réserve chaque jour une nouvelle surprise. Le cuisinier fait preuve d'une inventivité perverse à créer des plats toujours plus terribles. Mais là ! La choucroute de la mer, c'est vraiment inquiétant ! Ce nom évoque à la fois le souvenir de vos dernières vacances et celui des lourds repas familiaux. Vos deux interlocuteurs y ont déjà goûté. Ils vous encouragent à ne prendre que du dessert. Puis ces matheux qui représentent pour vous le sommet des classes préparatoires, les demi-dieux de l'instruction supérieure, vous demandent votre filière. Vous leur répondez d'une voix blême que vous êtes un hypokhâgneux scientifique. Et vous vous attendez à la réponse vexante, mais commune : « Cela existe ? Je ne savais pas ! » Mais leur réaction est tout autre. Du haut de leur Parnasse, ils prennent un air respectueux et lancent un bref : « Bon courage, tu vas souffrir ! »

Après le repas, un peu inquiété par cette réaction, vous remontez à l'internat. Vous décidez de prendre une douche et, une serviette autour de la taille, vous gagnez la « salle de bains » de l'internat. C'est une pièce colossale, carrelée de morceaux inégaux de faïence jaunâtre. Sur ses murs pendent symétriquement des pommeaux de douche. L'atmosphère est tiède et le sol humide. Deux garçons sont en train de se décrasser. Vous allez suspendre votre serviette à un crochet, quand un instant votre main hésite à vous dévoiler ainsi. Vous êtes intimidé par ces grands corps blancs. Vous n'avez pas l'habitude de vous laver en face d'inconnus et encore moins en face de vos camarades. Il vous faut en l'espace d'une seconde surmonter la pudeur de l'enfance, dénouer enfin la serviette de votre taille.

Vous vous lavez. Vous détachez de vous tout ce stress, toute cette sueur qui vous souillent. Cette purification nécessaire est devenue un rite qui coupe votre journée de cours, le seul moment où les autres vous sont vraiment contigus, où ils vous apparaissent nus. Nus. Loin de toutes les tactiques, des non-dits et des ressentiments. Vous êtes seul. Oui, mais pendant ces quelques minutes, vous communiez avec vos semblables. Il n'y a plus rien que l'eau, eux, vous. Puis chacun retourne dans sa chambre poursuivre le rythme de la journée pendant quelques heures studieuses.

Vous saisissez votre serviette et vous apprêtez à regagner votre chambre. Au moment de sortir, vous croisez le garçon qui était assis à côté de vous ce matin en cours. Il vous lance un bref « Salut » et pénètre dans la salle en lançant comme à lui-même dans un imperceptible soupir : « Courage... »

C'est alors que commence la véritable épreuve : il faut travailler. Étudier, vous n'avez fait que cela depuis votre réveil. Maintenant vos paupières sont lourdes. Vous avez mal à la tête. Vous avez sommeil. Vos membres sont engourdis. Aurez-vous la force de vous maintenir éveillé ? Car il faudrait reprendre le cours de mathématiques, avancer les lectures en histoire et ficher quelques chapitres de Nietzsche. Après, seulement, vous aurez gagné le droit de sombrer dans votre couche. Mais il est à peine neuf heures et vous ne pouvez sérieusement vous coucher avant onze. C'est généralement vers minuit que vous cédez à l'épuisement et que vous vous jetez sur votre lit en vérifiant que votre réveil est bien réglé sur sept heures. Avant, vous pouviez pousser plus loin dans la nuit la lecture d'un roman ou d'une bande dessinée. Mais dorénavant, le rythme quotidien est trop soutenu pour que vous puissiez vous permettre de telles extravagances. Vous avez arrêté le sport. Cela fait partie de ces libertés qui sont du temps perdu pour le labeur. Vous gérez votre corps à flux tendu. Il s'agit de le pousser au maximum, mais de s'arrêter à temps pour qu'il ne vous lâche pas. Vous n'avez certes jamais eu un teint aussi laiteux, mais au milieu de vos camarades, il n'en paraît rien.

Il existe des jeunes gens qui travaillent encore plus tard dans la nuit. À deux heures du matin, quand il vous arrive de vous relever et de vous diriger vers les latrines, de la lumière passe encore sous leur porte : ils travaillent. Sujets de stress pour leurs camarades, ils sont continuellement en avance. Leur bibliothèque déborde. Mais leurs traits sont tirés. Ils errent la nuit dans les couloirs de l'internat. Toutes les heures, ils se font du café dans le local commun. Vers trois heures, ils se réchaufferont une platée de pâtes. Puis ils se coucheront apaisés, forts de l'avance qu'ils ont prise sur leurs semblables. Ils intégreront, c'est sûr ! Et après... Plus tard, ils soutiendront que c'était la plus belle période de leur vie. Leurs amis souriront. Et si c'était vrai ?

Sans autre contrainte que celle que vous vous imposez, vous êtes libre de travailler nuit et jour. Jour et nuit, vous vous ouvrez à tout ce que les hommes du passé ont fait de mieux. Ce n'est rien de moins qu'une formation humaniste. Ce soir, vous allez vous pencher sur les espaces vectoriels. Vous apprendrez la démonstration des théorèmes, les définitions et les propositions et résoudrez quelques exercices. Ensuite, vous conclurez par une heure ou deux de lecture de *La Naissance de la tragédie*. Votre caractère apollinien connaît son apogée. Enfin, vous le croyez... Mais il est tard. Les mots s'entremêlent et vous ne distinguez plus la réalité du livre de celle de votre chambre.

Vous êtes dans le livre. C'est vous qui lisez. C'est vous, en fait, qui récrivez l'œuvre et qui lui donnez sens. Que serait-elle d'ailleurs si vous ne la lisiez pas ? Un tas de papier inutile. Sans vous, l'œuvre est morte. Elle est à vous. Tout ce qu'ont fait et pensé les hommes est consigné par écrit depuis la Genèse. Les lettres sont le support du savoir et de la connaissance. Pourtant, Dieu n'a pas écrit. Dieu fit usage de son verbe pour que la lumière soit. C'est la parole qui est au commencement de tout. Les mots sont d'abord oraux. Ce n'est qu'ensuite que les lettrés les ont pervertis en les gravant dans la pierre. Quel rapport entretenez-vous donc avec les Anciens ? Ces figures illustres dont on vous rebat les oreilles à longueur de classe sont finalement désincarnées. Le ton, le timbre sont essentiels dans la relation aux mots. Les mots ne sont plus justes, plus fidèles à la pensée de leur créateur. Quand vous lisez, qui parle ? Qui agit, qui pense ? C'est vous et personne d'autre. Certes, il a bien fallu que l'auteur trace ces mots et anticipe votre regard. Mais c'est le plus facile. Il est peut-être plus aisé de bien écrire que de bien lire. Celui qui griffonne a quelque chose à partager. Celui qui parcourt l'œuvre n'a pas forcément la volonté nécessaire pour fournir l'effort requis. Il vous faut donc apprendre à lire et non à entendre. Mais ce n'est pas forcément plus facile.

Vous avez mal à la tête. Vos membres sont engourdis. Vous avez eu la force de rester éveillé jusqu'ici. Mais il est tard. Vous décidez de prendre un chocolat. Sur le chemin qui mène au frigidaire commun, une ombre vous suit. C'est le chat de la concierge qui a repéré l'éventualité d'un repas.

Tandis que votre tasse chauffe dans le micro-ondes, vous songez à ce savoir qu'on veut vous inculquer. À quoi bon apprendre ? Cela est-il vraiment utile pour vivre ? Le chat caresse vos jambes en décrivant une arabesque intéressée. Toute cette science n'est que répétition, comme l'écriture qui la porte. Pourtant, cette répétition est la clé de l'apprentissage. Le chat fait entendre un ronronnement plus pressant. Puisqu'il faut passer par l'écrit, vous vous y plongerez. Vous apprendrez à lire. Le four émet une sonnerie cinglante : la collation est prête.

Mais comment faire devant l'étendue de la tâche ? On ne peut lire tout ce qui a été écrit. Vous buvez lentement le chocolat. Comment être sûr de ne pas passer à côté de l'œuvre qui pourrait bouleverser votre vie ? Comment se limiter à quelques ouvrages quand tant d'autres vous tentent par leurs arêtes aguichantes ? Vous passez la tasse sous l'eau et la posez sur l'évier. Alors que le chat tournoie dans la pièce, vous songez que c'est l'affaire d'une vie. Votre vie... Vous versez un peu de lait dans une tasse et regagnez votre chambre, abandonnant le félin à son ivresse blanche.

Vous avez sommeil. Vous poursuivez la lecture de Nietzsche, assis à votre bureau. Demain, il faudra se lever tôt. Vous avez cours de philosophie. *La Naissance de la tragédie* n'aura plus de secrets pour vous. Vous vous remémorez un ouvrage de Vernant que vous avez lu sur la plage, l'été dernier. C'est au moment où la tragédie apparaît et que les hommes s'interrogent sur le caractère tragique de leur existence qu'ils deviennent libres et que peut germer la démocratie. Ils s'affranchissent du panthéon de leurs dieux dictateurs et commencent à raisonner le monde. Ces dernières minutes sont longues. Vous vous allongez finalement sur votre lit. Ah, l'erreur fatale ! Votre main est lourde. Elle tient de moins en moins fermement le livre. Parfois, vous le lâchez. Mais vous vous reprenez aussitôt et poursuivez votre lecture. Vous devez au moins parvenir à la page 150. Ces secondes sont longues... Il est trop tard. Vous sentez la torpeur vous envahir... Tant pis. Demain, vous vous coucherez plus tard...

Premier tête-à-tête

« Nul pouvoir, un peu de savoir, un peu de sagesse et le plus de saveur possible. »

ROLAND BARTHES, *Leçons*

VOUS avez passé des siècles entiers de votre vie à ne rien faire. Et vous souhaitez désormais emplir l'espace blanc de la page nue de votre vie. Tout vous pousse à l'action. Vous désirez ardemment travailler. Lire. Vous instruire. Et écrire. Ainsi, le rythme qui vous est quotidiennement imposé serait paisible, s'il ne consistait qu'à participer aux huit heures de cours magistraux. Il vous suffirait de ne pas vous coucher trop tard pour être éveillé sur votre chaise à huit heures le lendemain matin, attentif, et vous délecter des paroles échappées de la chaire. Exemple. Exercice. Examen. Vous vous contenteriez de préparer vos cours, d'y assister et de relire vos notes. Les seules échéances seraient les partiels échelonnés les samedis matin d'octobre et de novembre ouvrant la porte des vacances de Noël. Ensuite, ce seront ceux de fin de semestre. Vous pourriez vous organiser, établir un agenda et répartir votre temps entre les différentes matières. Comme cela serait agréable !

Mais c'est omettre les *khôlles* ! Les khôlles ? Ce mot barbare ne signifie rien pour le profane. Il faut être membre de la secte pour en connaître la signification ! Ces exercices oraux sont l'enfer de l'élève de classe préparatoire. Ce sont eux qui l'obligent à maintenir un rythme de travail intenable. Car vous travaillez dans l'urgence ! Il vous faut maîtriser rapidement l'ensemble des savoirs qui vous sont proposés. Chaque semaine, vous devez vous rendre à deux ou trois heures de khôlle recouvrant les diverses matières que vous étudiez. Il s'agit chaque fois d'un oral, précédé en général d'une heure de préparation. Vous y faites une présentation à un khôlleur qui ne se gênera pas pour la critiquer, voire la démolir, et vous renverra à vos livres, une demi-heure plus tard, une note plus ou moins bonne sous le bras. Cerbères de vos nuits, elles vous obligent à lire et à relire vos cours.

Même si l'habitude désacralise et aide à gérer ces instants pénibles, la rentrée dans la salle de khôlle représente un moment de stress intense. Il n'est jamais évident de présenter à quelqu'un une réflexion qui se veut personnelle, surtout quand on n'a eu qu'une petite heure pour la peaufiner. Ni de gérer le temps et l'ensemble des contraintes propres à chaque épreuve. Et puis, il vous faut regarder dans les yeux l'examinateur, pas toujours bienveillant, qui vous lance un sourire ironique. Et répondre aux questions – incompréhensibles et mal posées – qui suivent votre exposé.

Ces moments d'angoisse ont eu raison des hésitations d'une demi-douzaine d'élèves qui ont définitivement abandonné. Ils ont quitté le lycée et n'y remettront jamais les pieds. C'est le cas de Julie et vous le regrettez. Vous trouviez précieux l'embryon d'amitié qui naissait entre vous. Elle a été happée par le monde extérieur. La douce perspicacité de votre camarade vous manque déjà et vous lui en voulez un peu de vous avoir laissé seul.

Toutefois, le rythme de travail effréné est rapidement devenu un mobile de rapprochement avec ceux de vos camarades qui sentent qu'il est trop tard pour s'enfuir. Le seul moyen de vous en sortir a été de répartir les livres à lire. Vous avez ainsi fait la connaissance de tous vos condisciples. Tous, non ! Quelques Hercule s'épanouissent encore dans la solitude de leur cellule. Mais ce n'est pas votre cas et vous êtes satisfait de la collaboration intéressée qui s'est instaurée.

Un délicieux commerce de fiches s'est établi au sein de l'hypokhâgne. Les bibliographies s'amoncelant sur votre bureau, il était raisonnable d'envisager que vous ne puissiez pas tout lire... Les autres étant parvenus à la même conclusion, vous avez aménagé d'un commun accord la libre circulation des fiches de lecture. Bien sûr, des inégalités sont très vite apparues. Ceux qui écrivent mal et ceux qui lisent les livres en diagonale ont été exclus du marché. Chaque individu essaie de maximiser son utilité en échangeant sa fiche avec un maximum d'interlocuteurs. Il élargit ainsi le cadre de ses relations. Proposer son œuvre à un camarade, c'est établir d'emblée un rapport amical avec lui. À l'inverse, ne pas la proposer, c'est signaler à l'exclu qu'il est en dehors du cercle de vos amis. C'est radical, mais nécessaire. Vous ne pouvez permettre à tous d'accéder à votre travail, car sinon vous perdez votre avantage.

En même temps, une asymétrie demeure, car vous ignorez la qualité du labeur de votre interlocuteur. Quand vous offrez à quelqu'un votre fiche, vous ne savez pas si vous obtiendrez quelque chose en retour. D'autant plus que tout le monde ne se conduit pas moralement sur ce marché. Certains ont un comportement de *passager clandestin* : ils profitent du travail des autres sans y contribuer. Mais vous vous en moquez. Vous avez lu l'essai sur le don de Marcel Mauss. Vous savez que tout don oblige et contraint l'autre. Plus on donne et plus on est puissant ! C'est pourquoi vous donnez beaucoup. Ce n'est pas un hasard qui le *gift* anglais signifie *poison* en allemand. Le contre-don ne tardera pas. De toute façon, le succès de vos plans détaillés d'histoire vous procure une position de dominant. Vous pouvez ainsi bénéficier des fiches des plus grands philosophes et des notes des plus fins sociologues de la classe. Et vous vivez sans le savoir un cours de microéconomie auquel vous ne comprenez rien.

Vous habitez comme un moine dans sa cellule de livres. Le moine est paradoxalement l'un des prototypes de l'homme moderne, cet *homo economicus* dont toute l'activité converge vers le maximum de profit. Il est en effet le premier homme à avoir rationalisé la totalité de son temps pour lui faire servir une seule et unique finalité : l'adoration divine. Votre position est antithétique. Vous croyez peut-être plus en vous qu'en Dieu. Ou alors les deux sont liés. Ce n'est peut-être finalement qu'une illusion pour vous donner confiance. La rationalisation de votre temps sert une unique cause : votre réussite au concours de l'École normale supérieure.

La concurrence demeure malicieusement présente à chaque instant, même si chacun se défend d'avoir de telles pensées. Un incident vous a rappelé l'existence de cette guerre qui couve. Alors que vous observiez le grand trombinoscope qui rassemble sur le mur du fond de la classe tous les visages de vos camarades, vous avez été frappé de découvrir une photographie barrée sur toute sa longueur. Celle de Julie. Votre camarade n'a annoncé son départ que deux jours plus tôt et son image est déjà biffée. Une de moins...

Les discussions avec vos camarades lors des interclasses et des repas tournent inéluctablement autour du travail. C'est là toute votre vie, après tout ! Un jeune garçon d'origine corse fait des imitations hilarantes des enseignants. Il se prénomme Benoît. Il a des difficultés en histoire et sollicite parfois votre aide. Vous lui avez naturellement expliqué les zones qui restaient troubles à ses yeux. Il vous en est reconnaissant. Alors qu'au réfectoire vous plongez dans votre soupe chinoise, il raconte la khôlle d'histoire dont il vient de sortir.

Benoît a pioché un papier qui lui imposait un exposé sur « l'idée coloniale en France de 1880 à 1914 ». Il vous raconte qu'il a eu à peine le temps de rédiger trois parties et qu'il s'est rendu dans la salle de passage. Le temps imparti était écoulé. Comble de malchance, l'examinateur se révèle être l'enseignante d'histoire elle-même. Quel tête-à-tête peu plaisant ! En effet, de temps à autre, les professeurs font passer des khôlles afin de prendre la température de leur classe. Pour l'élève, ces khôlles sont beaucoup plus éprouvantes. Il est moins grave de se faire démolir par un agrégé qu'on ne voit que quelques fois dans l'année que par l'enseignant qui décidera en mai si vous êtes admis en khâgne. Rappelez-vous que seule la moitié de votre cohorte passera ce barrage ! Benoît a peur de ne pas en être. Il arrive donc paniqué devant l'examinatrice. Introduction. Développement. Conclusion. Sa voix tremble. Administration. Mise en valeur. Conquête. L'idée coloniale apparaît. Malgré ses efforts, il n'a plus rien à ajouter au bout de onze minutes. L'enseignante le regarde. S'ensuit un long silence d'une minute, où elle paraît relire ses notes. Puis elle relève la tête et lui lance en guise de commentaire : « Mon petit Benoît, avez-vous songé à votre réorientation pour l'année prochaine ? »

Il a bredouillé quelques mots. Elle a ajouté que cela n'allait vraiment pas et il est parti vers sa chambre en ville, assommé. Cette sentence de l'enseignante se voulait sans doute un conseil. Elle lui signifiait qu'au cas où il ne serait pas admis en khâgne, il devait chercher une solution de rechange. Mais lui, comment pouvait-il le percevoir ? Le commencement est encore si proche et la fin si loin. Il se croit parvenu en classe préparatoire par hasard. Par erreur. Il ne sait pas ce qui l'a poussé à faire ce choix. Il est des décisions qui dévorent une vie. Sa main frémit quand il déchire les brouillons de sa khôlle.

Malgré cette aventure malheureuse, vous avez continué à lui expliquer les périodes historiques qui restent obscures à ses yeux. Il vous en est obligé. Mais vous avez aussi parfois besoin d'aide. Il n'est pas rare que Coralie vous explique un passage de la pensée d'un philosophe. Thibault accepte aussi parfois de vous refaire la démonstration d'un théorème d'algèbre linéaire. Le professeur a dit qu'il en demanderait le jour du devoir ! Il s'agit donc de les apprendre par cœur. Vous reprenez, avec l'aide de votre camarade, les feuillets ornés de symboles mathématiques. Vous n'y comprenez vraiment rien. Votre ami fait pourtant tout son possible. Vous acquiescez à ses explications, même si vous n'en saisissez pas grand-chose.

Au sein de l'internat, vos relations avec vos voisins ont également évolué. Vous êtes toujours un solitaire. Comment pourrait-il en être autrement ? Seule la solitude permet de savourer le savoir. Mais vous ne vous sentez plus isolé. Là aussi, les souffrances que vous partagez avec les autres vous ont rapprochés. Vous vous arrêtez maintenant dans le couloir pour saluer votre voisin. Bien que vous pensiez à autre chose, vous le laissez vous raconter ses misères.

Vous avez fait plus ample connaissance avec Quentin, le seul garçon de votre classe qui soit aussi à l'internat. Sa chambre est en face de la vôtre. Accablé par le poids d'une famille brillante, ce fils unique essaie de s'en sortir le mieux possible. Ses parents ont fait peser sur lui une forte pression jusqu'à l'adolescence. Maintenant, libéré du joug physique, il gère avec difficulté le joug moral. Du moins, c'est ce qu'il vous dit. Un soir, il est venu frapper à la porte de votre chambre. Il préparait une khôlle sur Clemenceau et ne trouvait pas la date de son divorce. Vous le renseignez : il divorce de son épouse américaine en 1892, lui laissant les trois enfants. Le futur président du Conseil conserve de cette union une manne financière et un anglais fluide, atout aussi rare que décisif pour la Conférence de Paris en 1919. Vous lui proposez de travailler l'histoire avec vous, ce qu'il accepte volontiers.

Vous êtes ravi que la deuxième chaise de votre chambre serve enfin à autre chose qu'à recevoir votre linge sale. Quentin s'installe en face de vous et s'oublie dans le livre de Nouschi que vous venez de lui proposer. Il a à peu près le même âge que vous. Son regard se perd dans les lignes qu'il parcourt d'un air sévère. Il semble que soudain plus rien n'existe autour de lui. La chambre. Le bureau. Même vous. Il n'y a plus que ce livre. Il tourne les pages d'un geste nerveux, lève parfois les yeux vers vous et se replonge dans l'ouvrage.

Il est habillé comme vous : une caricature de khâgneux. Jean et pull-over. Chemise froissée en dessous. Chaussures de ville noires. Rien de bien sensationnel. Pourtant, ce garçon rayonne d'une force si profonde qu'il vous est impossible de dire en quoi elle consiste. Ses traits sont fins. Ses cheveux, sombres. Il n'est pas vraiment beau cependant. Vous décelez en lui une aristocratie de caractère. Quelque chose qui ne vous laisse pas insensible. Ce sont sans doute ses yeux empreints d'une tristesse élevée qui, par moments, vous fixent avec sympathie. Oui, c'est ce regard fascinant qui fait de lui un être à part. Il reste toujours à l'écart. Non qu'il se sente supérieur. Ce sont les autres qui le devinent différent. Il excelle dans presque tous les domaines, mais ne peut s'en satisfaire. Pour ceux qui comme vous viennent d'un milieu moins favorisé, c'est assez difficile à comprendre. Vos parents sont instituteurs et c'est pour vous une chance d'être là, face à ce jeune camarade, en cet instant. Vous êtes venu ici en intrus pour voir si... Vous n'avez rien à perdre et tout à gagner. Pour lui, la réussite est une nécessité. Il ne perçoit aucun mérite et n'éprouvera que peu de fierté à réussir. Le seul enjeu est pour lui la honte qui découlerait de son échec au concours d'entrée à l'École normale supérieure. Il en mourrait. Mais pour vous, c'est l'allié rêvé. Il est si différent. Vous percevez en lui le soutien nécessaire à votre survie. Qui vivra verra ! Et vous vivrez, vous verrez. Vers minuit, il referme soudainement le manuel d'histoire. Vous aussi, vous vous sentez fatigué. Vous avez lu près de deux cents pages sur la IIIe République. C'est un bon bilan. Quentin est lui aussi satisfait et vous remercie d'un sourire en rangeant le livre sur votre étagère. Vous buvez ensemble un chocolat, puis vous vous séparez en vous promettant de renouveler l'expérience. Vous versez un peu de lait dans une tasse comme le chat en a désormais pris l'habitude. Puis vous allez vous coucher. Seul, mais pas isolé.

Premières lettres

> « Toute vue de choses qui n'est pas étrange est fausse. »
>
> PAUL VALÉRY, *Tel quel*

LE professeur de français vous a donné jusqu'au début du mois de décembre pour lui rendre une dissertation. Jusqu'ici, vous avez fait de l'économie, de la sociologie, de la philosophie, de l'histoire, des mathématiques. Cela fini, il ne vous restait plus de temps pour travailler les lettres. Depuis que vous êtes entré en classe préparatoire, vous ne lisez plus. Pas une minute de disponible pour une occupation si peu productive. Vous passez certes vos journées à parcourir des fiches et des résumés d'ouvrages. Mais ce n'est pas pareil. Et puis, finalement, la littérature, à quoi est-ce que cela sert ? Que peut-elle ? Qu'est-ce que la littérature ? C'est précisément le sujet de réflexion qui vous est imposé.

Il y a un paradoxe dans votre attitude face à la littérature. Elle est un objet de sacralisation et dotée d'un certain pouvoir. Mais vous la regardez également avec condescendance : elle est reléguée au rang d'accessoire décoratif, débordée par les sciences humaines, en retrait du champ social du fait de l'économie de marché qui apparaît pour tous, plus ou moins consciemment, comme plus importante que les idées. Après tout, est-ce que vous étudiez pour vous instruire ou pour avoir un bulletin de salaire ventripotent ? Que faire avec la littérature ? Souvent rien du tout. Elle vous apparaît parfois comme une survivance du passé, comme un anachronisme dans la vie moderne. Elle a besoin de secret, de silence et de lenteur. Or la société contemporaine viole ces trois éléments. Le secret n'existe plus. Le rôle des médias et d'Internet est décisif. De plus, nous vivons dans le bruit d'une information permanente. Alors, à quoi peut bien servir la littérature ?

Pourquoi écrire ? Vous devez dans votre composition soulever le problème de la rentabilité immédiate. Les ouvrages qui se vendent le mieux sont ceux présents en grandes surfaces : des biographies, des livres à scandale. C'est pourquoi le livre de recherche paraît condamné. Vous soutenez que le nombre de lecteurs ne peut pas être une marque absolue de qualité. Si tout ce qui n'a pas de succès immédiat ne peut plus être publié, il ne pourra plus y avoir de création littéraire. Aucune standardisation n'est possible. Or la société se donne des outils qui découragent la littérature : nous sommes dans un siècle où le langage est ramené à un pur outil de communication.

Les controverses du cours de lettres débouchent sur de longues discussions au réfectoire. Benoît défend le cent cinquante-quatrième vers de *L'Art poétique* : « Ce que l'on conçoit bien s'énonce clairement, et les mots pour le dire nous viennent aisément. » Comme Boileau, il pense que la langue ne crée rien et demeure le pur vecteur d'une information. Mais Benoît a tort. Le langage littéraire dérobe, au lieu d'offrir. Thibault vient à son secours en invoquant Lucrèce. Si le philosophe latin a choisi d'écrire en vers, c'est pour tromper son lecteur et lui transmettre plus facilement la sèche théorie matérialiste qui aurait pu le rebuter de prime abord.

Mais Thibault se trompe aussi. Tout n'est pas déjà déposé dans la langue. Penser que l'écrivain n'a plus qu'à raconter, c'est céder à l'illusion de la spontanéité. L'auteur doit se tailler une autre langue dans la langue elle-même. La forme n'est pas neutre et c'est tout l'intérêt de la littérature. Vous rétorquez que si Lucrèce est lu aujourd'hui, c'est plus pour ses hexamètres dactyliques que pour sa conception atomiste du monde. On reconnaît en lui un poète plus qu'un scientifique. Thibault se trompe, c'est sûr. Il en fera le point central de sa dissertation. À tort. Le langage n'a absolument pas comme seule fonction de transmettre une information. Du moins en littérature. On ne choisit pas les mots au hasard. Tout comme les lecteurs modifient le message, les mots altèrent le contenu. Il n'y a là rien de nouveau, juste quelque chose d'oublié. Vous vous replongerez ce soir dans la lecture d'Umberto Eco pour vous en convaincre.

Mais il y a pire : votre culture télévisuelle transforme le rapport à la littérature. Le canal télévisuel n'est pas neutre, il influe sur le message par son appauvrissement. On s'adresse au plus petit dénominateur commun. Il s'agit d'une information qui épure le message de sa complexité. Dès lors, on ne se met plus à écrire que parce qu'on ne veut pas ou qu'on ne peut pas parler. Pourtant, vous aimez regarder la télévision. Elle vous manque dans cet enfer de livres. Combien ne donneriez-vous pas de manuels de mathématiques et de résumés sociologiques contre un seul film américain à gros budget ? Quelque chose de bien niais qui vous changerait les idées. Si vous avez le temps, vous irez peut-être au cinéma le week-end prochain. Pour l'heure, vous n'avez pas réussi à convaincre vos deux camarades. Et il vous faut lire. Lire pour préparer votre dissertation. Lire pour affûter votre démonstration.

Le professeur de français est quelqu'un d'exécrable. La légende veut qu'il lui arrive de rendre les devoirs en les déposant dans la poubelle et en invitant les élèves à aller les chercher à la fin de l'heure. Vous l'en croyez capable. Certes, il vous a ouvert les yeux sur les réels pouvoirs des mots. Il vous a parlé de l'écrivain comme d'un explorateur de mondes possibles. Il vous a décrit l'œuvre théâtrale comme un laboratoire de la parole. Il vous a conté les pouvoirs du chaman, poète, prêtre et médecin. Vous lui en êtes reconnaissant. Intérêt. Interclasse. Intensité. Ses premiers cours étaient passionnants. Mais l'ambiance s'est très vite dégradée. C'est une de vos déceptions de début d'année. Cet homme est antipathique. Il joue à être méprisant envers ses élèves. Interjections. Invectives. Insultes. Son humour est continuellement centré sur le sexe. Sans finesse. Lourd. Répétitif. Bref, très vite, il vous ennuie.

Vous vous replongez dans vos lectures. Quentin vous a indiqué plusieurs livres. Il réfléchit au danger de la lecture. Un livre peut-il tuer ? Emma Bovary et Don Quichotte sont deux personnages perdus par la littérature. On peut sans doute comme eux mourir de trop lire. Pourtant, l'action de l'écriture est ambivalente. Le fait de nommer, de décrire permet au chaman d'alléger la douleur. Il y a une efficacité symbolique de la littérature qui permet de soulager la souffrance et de mieux la maîtriser.

Tout cela vous apparaît avec plus ou moins de clarté, selon l'heure et votre état d'esprit. Heureusement, il est vendredi soir et vous vous apprêtez à quitter l'internat pour deux jours. Vous allez pouvoir dormir. Pas trop longtemps non plus. Cette pause dominicale n'est pas vraiment un moment de détente. Vous êtes en prépa et il vous faut travailler. Vous craignez déjà les vantardises de ceux qui le lundi matin diront avoir lu plus que les autres et les allégations des plus travailleurs qui prétendront s'être reposés tout le week-end. Vous ne vous éloignerez donc pas longtemps de votre bureau du samedi matin au dimanche soir.

Cependant, cette rupture représente un changement de cadre salutaire. Vous allez revoir vos parents. Eux savent parler d'autre chose que des grandes œuvres du passé. Quelle libération ! Certes, votre mère soulignera la pâleur de votre teint. Votre père s'inquiétera de votre manque d'appétit. Rien de grave. C'est avec impuissance qu'ils assistent aux changements qui vous affectent. Ils trouvent que vous vous enfermez trop dans le monde clos de votre lycée et que l'obsession du concours vous gagne dangereusement. Mais ils pensent que c'est peut-être la condition de votre réussite. Ils craignent juste qu'elle ne se fasse au prix de votre bonheur. Alors ils voudront vous changer les idées. Ils vous feront écouter le disque du moment. Fauteuil. Famille. Et finalement fatigue. Vous reprendrez le train du retour. Que de temps gaspillé ! Il vous faudra rattraper le retard accumulé pendant ces deux jours. C'est pourquoi vous ne réintégrez pas chaque semaine le domicile parental et errez parfois tout le week-end dans les couloirs de l'internat.

Le problème principal est celui du linge sale. Vous devez arbitrer entre la quantité de vêtements qui tient dans votre armoire branlante et le nombre de semaines sans rentrer chez vous. Mais ce n'est pas la seule raison qui vous pousse à demeurer au lycée. En sortant des murs, vous vous rendez compte qu'il y a une vie en dehors de la prépa et des doutes vous tiraillent à nouveau. Des jeunes de votre âge s'amusent, s'étreignent. Et pourquoi pas vous ? Pourquoi n'auriez-vous pas le droit de vivre une jeunesse tendre comme ces étudiants qui fréquentent les facultés ? On est peut-être en train de gâcher vos « plus belles années ». Vous pensez à Julie et aux autres qui ont abandonné dès les premières semaines. Peut-être sont-ils heureux loin des murs sombres du lycée ? Vous n'êtes pas malheureux, mais ne regretterez-vous pas un jour de vous être fourvoyé en classe préparatoire ? Quelque chose vous persuade du contraire. Vous ne savez pas quoi. Une force vous pousse à avancer. Alors, vous verrez plus tard.

Parfois, vous restez tout le week-end à vagabonder dans les ouvrages que vous ont conseillés vos professeurs. L'internat est sombre. Glauque. Heureusement, vous n'êtes pas tout à fait seul. Quentin ne rentre plus chez lui en fin de semaine. Il prétexte que ses parents habitent un département éloigné du lycée. Cela lui ferait perdre trop de temps. Mais vous savez qu'il ne supporte plus la pression qu'ils font peser sur lui. Il est rentré un vendredi pour son anniversaire. Le dimanche soir, il était plus abattu que de coutume. Pensif. Soucieux. Déprimé. Vous lui avez demandé s'il allait bien. Il vous a répondu que non et a laissé flotter un silence significatif. Vous n'en apprendrez pas plus. Quentin s'est promis de ne plus y retourner avant les vacances. Pourtant, il y pense. Au cours de la semaine, il est parfois absent. Son air si noble, si magistral, est travesti en une grimace sinistre. Son regard croise le vôtre. Il comprend et vous rassure d'un sourire. Toutefois, ses yeux trahissent toujours une tristesse. Il est malheureux, c'est clair. Mais qu'y pouvez-vous ? Il ne se confie pas, il garde en lui son mal-être. Idoles de son enfance, il maudit désormais ses parents. Il ne leur téléphone pas. Il leur écrit des lettres. Courtes. Suivent des réponses. Longues. Qu'il ne lit plus.

Premières larmes

« Les yeux de ces barbares ont la couleur d'une mer orageuse. »

CHATEAUBRIAND, *Les Martyrs*

« L'ESPÉRANCE de vie des femmes aux États-Unis est de quatre-vingt-un pour cent ! vous déclare fermement le professeur d'anglais. Si, si. Je vous assure qu'elle est de quatre-vingt-un pour cent ! » continue cette femme devant l'assemblée hilare. Certaine du chiffre qu'elle a vérifié le matin même, elle ne comprend pas le fou rire qui s'est emparé de ses élèves, d'habitude si sages. La pauvre n'a pas saisi que tout le problème des statistiques repose dans l'unité de mesure. Et là, elle fait très fort !

Vous en pleurez de rire. Des larmes coulent malgré vous sur vos joues. Après tant de tension, cette bêtise échappée par hasard à une enseignante si grave relâche totalement la pression de cette journée de cours. Vous aviez oublié le bien-être que procure le rire. L'espace d'un instant, toutes vos inquiétudes, obsessions et angoisses sont gommées. Vos camarades ressentent cela aussi. Du haut de son estrade, l'enseignante est complètement déstabilisée. Elle ne comprend vraiment pas où elle a pu faillir. Elle décide de poursuivre son raisonnement sans plus attendre. Mais elle a perdu votre attention. Vous ne l'écoutez plus. Elle a rompu le charme. Vous avez compris que ce demi-dieu sur sa chaire olympienne est faillible tout comme vous. Vous aviez tendance à l'oublier. Tout était si nouveau. Il fallait vous laisser le temps de prendre vos marques. Désormais, l'enchantement est brisé.

Un brouhaha a envahi la salle. C'est presque miraculeux. Un sentiment de bonheur vous gagne. Ceux qui demeuraient encore quelques secondes auparavant de gentils petits élèves studieux sont désormais devenus des jeunes gens autonomes et critiques. Vous ne noterez plus le cours sans le comprendre. Vous ne laisserez pas étouffer en vous les questions déstabilisatrices. L'enseignant va devoir y répondre ! Certes, vous lui reconnaissez toujours un avantage sur vous. Mais il va devoir le justifier. Plus rien ne sera comme avant. Vous sortez de ce rôle d'apprenti candide qu'on vous avait assigné. Le cours ne se fera désormais plus sans vos camarades et vous. Les sept pédagogues vont souffrir. C'est leur métier, après tout.

Soudain, le bruit retombe. Le professeur poursuit son explication avec le cas des hommes. Vous la regardez vous donner le pourcentage d'espérance de vie masculine. Elle regarde sa montre : plus que cinq minutes à tenir. Elle se sort d'embarras en donnant une liste de vocabulaire à apprendre qu'elle commente un peu lentement. Il va de soi qu'une interrogation suivra au début du prochain cours. Vous en êtes bien embêté. Puis l'Anglaise s'échappe furtivement de la salle. « Bye ! » Sans le savoir, elle vient de vous offrir un moment mémorable. Près de vingt mois plus tard, à la veille des concours, on en parlera encore ! Vos professeurs vous apparaîtront désormais sous un angle neuf : dans tout leur génie ou toute leur indigence.

Ces rares instants d'agrément ne doivent pas cacher la réalité de ce que vous vivez. Ce n'est pas la joie ! Même si on vous arrache un sourire, vous en soupirez la nuit. Vous n'imaginiez pas que ce serait si dur. Les limites ne sont pas tant cérébrales que physiques. Vous dormez peu. Vous êtes soumis à une tension permanente. Vous êtes sur le point de craquer. En fait, vous avez besoin de repos. Les vacances de Noël ne sont plus très loin. Mais avant, il vous faudra subir la semaine de concours blanc. Pour le moment, vous n'avez qu'un seul but : réviser ces sept épreuves qui vont s'enchaîner comme au véritable concours. Comment allez-vous y survivre ? Vous ne savez pas. Comme dans chaque matière le programme est excessif, vous survolez tout et ne pouvez rien approfondir. Quelle frustration ! Vous parez au plus urgent en lisant des résumés et des manuels. Pas le temps de s'arrêter.

Quentin est arrivé en pleurs dans votre chambre. Vous

n'êtes pas le seul à en avoir assez. Le rythme inhumain qui vous est imposé est ravageur. Il ranime en vous tous les vieux démons. Vous regrettez le foyer familial. Vous ne voulez plus grandir. On vous en demande trop. Comment assumer tant de questions, tant de remises en cause ? Vous êtes perdu. Vous avez lâché les amarres et quitté votre famille. Maintenant, vous êtes seul. Abandonné. Vous regrettez le ventre maternel. Vous vivez dans un monde désenchanté et ne croyez plus spontanément aux valeurs, à Dieu et au Progrès. Il restait la Raison. Mais ce n'est même plus le cas ! Vous êtes entré dans « l'ère du vide ». L'œuvre de Lipovetsky couronne l'étagère que vous avez placée au-dessus de votre bureau. L'idée de banalité et de futilité de la vie apparaît partout. L'existence des hommes est veule. Vous déprimez dans ce monde d'adultes. Et la prépa serait un moyen d'échapper à cette inconsistance ? Vous le pensez, peut-être.

En pleurs. Dans votre chambre. Quentin est venu chercher du réconfort auprès de vous et cela vous fait plaisir. Ce geste stupéfiant vous rapproche de lui. Rien n'est plus troublant que les larmes d'un jeune homme. Ce spectacle est tellement éloigné de l'image de force, de virilité que chaque garçon doit montrer. « C'est nerveux ! » vous déclare-t-il. Vous ne savez pas quoi faire. Vous êtes perdu. Tout vous pousse à réconforter votre ami. Mais comment ? Il y a tant de choses que vous ignorez sur lui. Et puis, vous aussi, vous êtes malheureux ! Pourquoi ne pas vous laisser aller comme lui aux larmes ? Non, cela ne résoudrait rien. Quentin vous sauve de votre embarras en évoquant ses parents. Il s'était décidé à leur téléphoner. Mais ils ne comprennent rien. Alors qu'il venait chercher du réconfort, il n'a trouvé que des reproches. Comment les convaincre qu'il ne peut pas en faire plus ? Eux qui soupçonnent leur fils de ne pas travailler assez ! Comme tous vos camarades, Quentin consacre au labeur toute sa journée. Il a si peur de décevoir ses parents. Il aurait tant aimé qu'ils soient fiers de lui. Désormais, il sent que c'est impossible. Ils ne seront jamais satisfaits. Mais déjà il récupère. Il s'en veut d'avoir craqué. Il s'apprête à partir. Vous le retenez. « Reste, s'il te plaît. » Il se rassoit. Vous discutez. Vous vous racontez vos vies. La vôtre n'a rien d'extraordinaire. La sienne non plus. Pourtant, quelque chose vous rapproche : vous avez une conscience aiguë du tragique qui gouverne l'existence. Et en particulier la vôtre.

La vie dans son caractère animal est foncièrement cruelle. Elle se nourrit de la vie. Il faut manger ou être mangé. Mais elle est surtout impitoyable dans l'expérience de la souffrance. L'Histoire n'est-elle pas une immense tragédie ? Les civilisations et les peuples s'exploitent, s'entre-tuent. Plus personne ne croit en un sens de l'Humanité qui serait donné par avance. Surtout pas vous. Et vous n'avez même pas vingt ans ! Chacun est confronté à sa propre mortalité et à sa propre solitude. Et vous avez décidé de venir en prépa ! Mais vous ne savez pas ce qui vous a poussé à faire ce choix...

Bien sûr, tous les deux, vous avez lu Nietzsche. Une conscience tragique est possible. Il s'agit à la fois d'un effort de lucidité et du refus de tomber dans une délectation morose. Quentin en doute. Vous lui soutenez qu'on peut avoir le goût de vivre, alors même qu'il n'y a pas de sens déterminé. Alors même qu'on reconnaît le caractère tragique de la vie.

Cela paraît bien sophistiqué ! L'ambition de la culture humaine, c'est d'abord d'affronter la réalité de cette cruauté, de la canaliser, de l'exorciser, mais on ne pourra jamais l'éradiquer. L'art, la philosophie et la politique sont trois façons d'affronter cette réalité. Vous n'avez pas encore choisi laquelle de ces solutions vous adopterez. Après tout, vous êtes là pour cela. Quentin acquiesce. « Tu as peut-être raison... » C'est si simple.

Vous ne voulez plus grandir. Vous êtes hors de vous-même, en relation avec l'unité contradictoire de toute chose. Vous êtes Apollon, ce dieu brillant, solaire, beau et mesuré. Vous êtes Dionysos, ce dieu de l'ivresse, de l'apparence, du flot continu de musique. Ce principe chaotique qui est aussi celui de la sexualité. La musique de Wagner vous trotte dans la tête. *La Naissance de la tragédie* mérite bien sa place à la première étagère de la bibliothèque du XIXe siècle. Au fond, vous savez que Nietzsche a raison, ces deux instincts antagonistes qui sont en vous comme dans toute la nature ne sont rien d'autre que le principe masculin et féminin. Mais il est trop tôt pour le dire.

Quentin vous regarde penser à voix haute d'un air perplexe. Vous êtes sans doute cet Œdipe qui au faîte de sa gloire se croit le maître d'un savoir... Mais en réalité cet homme ne sait pas qui il est. La tragédie elle-même raconte presque toujours une mise à mort. Son origine est donc bien foncièrement dionysiaque, comme vous. Cependant, elle comporte un principe apollinien qui sauve les hommes de ce qui est orgiaque : la tragédie grecque articule une parole claire et limpide qui n'est plus seulement une musique. Et vous ?

Vous ne voulez plus grandir. Pour ne pas mourir. Comment se faire à l'idée que l'existence n'est qu'un passage ? Comment ne pas vouloir laisser une trace sur terre ? Vous êtes orienté vers la vie. Dynamisme. Désir. Douche. Quentin ne semble pas d'accord. Pourtant, c'est bien le cas ! Alors, pourquoi êtes-vous mortel ? C'est un scandale ! Vous ne pouvez pas l'accepter ! L'origine grecque du mot « scandale » signifie littéralement la pierre qui est au milieu du chemin et sur laquelle on achoppe. C'est bien cela, la mort ! Et c'est bien plus qu'une tragédie, c'est un scandale !

Du moins tant que vous ne prenez pas en charge votre existence. Or se poser la question de la mort, c'est déjà la dénouer. Car vous pourriez choisir de pleurer. Et on peut périr d'habiter une illusion. « On peut mourir de se croire immortel », vous a appris Nietzsche. « Il faut apprendre à danser dans les chaînes. » Vous êtes devant l'épreuve de votre trépas. Quel instant terrible, et cependant inévitable. Vous êtes là tous les deux face à face dans cette chambre d'internat entre un lit accueillant et une armoire branlante. Il est tard. Et le temps semble suspendu, comme la larme qui perle à sa paupière.

Premières nuits blanches

« La seule façon d'échapper à l'horreur,
c'est de s'y plonger complètement. »

JEAN GENET

SI Dieu vous a fait à son image, alors il doit être neurasthénique. L'être humain est condamné à deux choses : soit il est mécontent à cause d'un manque, soit il est satisfait, mais le plaisir est lui-même décevant. C'est une aumône jetée à un mendiant. Le mortel ne peut être heureux. Mais vivez-vous vraiment comme un homme ? Vous n'éprouvez ni privation ni bien-être. Vous vivez hors du monde. Vous êtes ce prêtre qui renonce à la vie séculière pour consacrer tout son temps à l'adoration d'une idole. Votre idole, c'est vous-même. Vous avez donc fait vœu d'abstinence. Vous êtes un apprenti intellectuel ! Perdu dans votre tour au milieu des grimoires, vous vous essayez à l'alchimie. Vous transformez votre ignorance en savoir. Le concours blanc approche. Il ne reste plus qu'une semaine. C'est pourquoi vous révisez tout. Vous ne faites plus que cela. Alors vous devenez fou. Vous n'êtes plus fréquentable. Plus rien n'existe hors ces formules algébriques, ces théorèmes économiques et ces dates historiques. Tout tournoie dans votre tête. Vous avez mal.

Il vous faut respirer. Sortir. Un état de fatigue, de malaise et de détresse vous envahit. Vous marchez dans la cour. Il fait froid. Il fait noir. Il est vingt-deux heures. Des platanes. Quatre. Vous tournez autour. Vous êtes brisé. Vous marchez vers votre salle de cours. Vous approchez de l'entrée. C'est une vieille porte à la peinture écaillée. Vous tournez la poignée. Et si... Elle est restée ouverte. Les schémas du professeur de philosophie recouvrent encore le tableau noir. Il s'agit d'une falaise du haut de laquelle on pousse deux bonshommes. Une flèche indique leur chute. Il s'agit d'une crise sacrificielle. Le groupe s'est reconstitué autour de la mort de ces deux êtres. Le clan a retrouvé sa cohésion. Accessoirement, les deux victimes sont devenues des dieux ou des constellations. Un peu rapide, ce processus. Vous vous dirigez vers la table que vous occupez habituellement. Vous vous asseyez sur votre chaise. En réalité, il n'y a aucune place attribuée. Mais cela vous rassure d'occuper toujours le même siège. C'est votre territoire au centre de la salle de classe. Et vous voilà en début de nuit au milieu de cette pièce déserte.

Vous divaguez. Vous entendez les voix de vos camarades. Et pourtant, le silence est si fort. Pas un bruit.

Même pas le souffle du vent dans les branches des quatre platanes. Ni l'aubade de la tourterelle qui niche au-dessus de l'entrée. Le silence. Il vous oppresse. Aurore, crépuscule, trépas : tout commence et tout s'achève par des mots.

Vous êtes seul à cette place où vous souffrez tout le jour. Mais là, point de pression. Pas de discours continu. Aucune question qui cherche sa réponse. Rien que le vide. Le néant de la nuit. Vous délirez. Vous vous dites que vous n'y arriverez jamais. Trop de travail. Trop de livres. Pas assez de temps.

Vous êtes fatigué. Isolé. Vous voulez, comme Ératosthène à Alexandrie, mesurer le méridien terrestre. Vous voulez dormir. Et toujours ce silence qui vous empoisonne. Cette nuit est longue comme un jour de jeûne. Vous êtes perdu. Votre tête va exploser, c'est sûr ! Elle vous fait mal. Vous frémissez, transpirez. Vos mains sont moites, la fièvre gagne. Que faire ? Dormir ? Impossible.

Toute la journée, vous avez traqué le silence dans le Verbe et le Verbe dans le silence. Vous avez navigué dans la poésie de Rimbaud et de Mallarmé. Et maintenant ce silence vous obsède. Vous êtes malade. Et pas d'aspirine. Vous entendez une voix qui commande : « Avance ! » Elle rompt le calme et le rend plus terrible encore. Elle se veut de plus en plus autoritaire. « Avance ! » Elle vous ordonne d'aller plus haut. C'est elle qui vous pousse à étudier. C'est elle qui vous persuade que c'est le bon choix. Vous découvrez alors que vous êtes au bord de la falaise. Et toujours cette voix qui ordonne : « Avance ! »

Impossible de reculer. Cette voix est sévère mais si envoûtante.

Il faut retourner dans votre chambre. Travailler. Vous n'avez pas résolu le problème de la tragédie. Vous vous levez et vous dirigez vers l'entrée. Lumière. Porte. Escalier. Fébrile, vous montez les marches, trébuchant. La tragédie est le fait de s'effondrer sur le chemin même que l'on prend pour éviter la chute. Mais pas cette fois. Vous arrivez jusqu'à votre chambre. Comment sortir du tragique ?

Quentin vous a conseillé la trilogie d'Eschyle. Thibault l'a lue aussi. La solution est dans le troisième volet de cette œuvre : les Euménides. Vous délirez. Est-ce que le politique serait la solution ? Vous n'y voyez plus clair. Déjà plus de seize heures que vous êtes levé. Alors vous plongez dans les Atrides. Thibault vous a dit que les Euménides marquent le dénouement de la tragédie. Il croit ferme à cette justice. Jusqu'ici, tout n'est qu'enchaînement de la violence. Chacun des personnages devient criminel alors qu'il se fait justicier. Le père tue sa fille. L'épouse achève son mari. Le fils assassine sa mère. Le sang appelle le sang.

Les Érinyes sont les furies qui poussent au ressentiment. Ce sont ces déesses qui ont poussé Oreste à occire sa mère. Apparaît alors la tentation d'un procès. Le jeune garçon est mis en accusation : par les dieux, d'abord ; par les hommes, ensuite. Par vous, enfin. Le jugement ressemble à la tragédie, mais il l'arrête. Et c'est sa force. On sort du processus familial pour aboutir à un jugement objectif. C'est un peu votre parcours. Vous avez tourné le dos à vos parents pour rechercher la vérité. Vous vous égarez... Tout tourne autour de vous. Tout revient. Toujours les mêmes questions qui vous étourdissent. Car l'introspection est peut-être une preuve de faiblesse. Vous êtes vulnérable. Totalement exposé.

Quelque chose d'extraordinaire se produit dans la tragédie. Un débat contradictoire entre deux forces s'instaure. Les Érinyes représentent les antiques lois du sang. Face à elles, Apollon, le dieu jeune, le dieu des contrats et du pouvoir royal, assurera la défense du jeune homme. Mais l'innovation est l'intervention d'un tiers. Un arbitre se manifeste : c'est Athéna, la déesse de la sagesse, qui mène le débat. La fille de Zeus instaure dans le même geste l'aréopage, le premier tribunal humain. Le jugement est rendu. Oreste est acquitté. Il n'avait pas la liberté de ne pas tuer. Il était prisonnier de l'absence de loi. Il vous semble tout d'abord qu'Apollon est le vainqueur. Quelle méprise ! Vous n'êtes plus dans la logique du triomphe. Les Érinyes acceptent le jugement. C'est pourquoi elles sont intégrées dans les cités. Elles deviennent les Euménides, ce qui signifie les Bienveillantes. On sort de la tragédie.

Le politique a vaincu la tragédie. Il a apporté une réponse à la question de la mort et du destin. Mais tout n'est pas résolu. De nouvelles tragédies apparaissent. Et la tragédie du politique, c'est Antigone. Tout tournoie dans votre tête. Vous avez mal. La fièvre n'est pas retombée. La jeune femme doit choisir entre ses deux frères.

En recouvrant de terre son frère condamné, elle signale l'importance de lois anciennes plus fortes que celles de cité. Le politique n'est donc pas la solution au tragique. Et il vous faut dormir. Le pourrez-vous ? Il est tard. Demain, la journée sera longue. Comment suivre si vous n'êtes pas en forme ? Il faut combattre la fièvre. Vous n'êtes pas malade. Non, vous n'en avez pas le droit. Imaginez donc tous les cours que vous devrez rattraper ! Que de retard vous accumuleriez ! Vous avez besoin d'une aspirine ! Quelque chose qui vous sauve de l'abîme. Quentin ! Pourquoi n'y avoir pas pensé plus tôt ? Vos pensées sont si embrouillées ce soir. Votre ami doit avoir une pharmacie.

Vous vous précipitez dans le couloir. Quentin ouvre la porte, étonné, puis vous donne le médicament. Vous délirez. Vous retournez dans votre chambre. Il vous faut travailler.

Cette voix dans votre tête continue son discours. Elle parle. Elle ressasse. À treize ans, Champollion augurait qu'il déchiffrerait les hiéroglyphes. Au même âge, Renoir commençait à peindre dans une fabrique de porcelaine. Et vous, que faites-vous ? Qu'annoncez-vous ? Que cachez-vous ? Vous ne savez pas. Et pourtant, cette force immobile est en vous. Vous le sentez. Il est juste trop tôt. Quel est le sens de votre vie ? Quelle est la signification de votre engagement dans ce système des classes préparatoires ? L'aspirine ne fait toujours pas effet. Vous avez l'impression que le sol se dérobe. Vous allez vous écrouler...

La porte de votre chambre s'entrouvre. Quentin paraît. « Ça va mieux ? » Vous répondez par l'affirmative, convaincu du contraire. Il dépose sur le bureau un article d'une revue américaine que vous lui avez prêté. Il s'assoit sur le lit. « Tu es sûr que ça va ? » Vous ne répondez pas. Tout tourbillonne autour de votre tête... Non, cela ne va vraiment pas. Vous êtes peut-être malade, finalement... Quentin vous regarde, inquiet. « Tu devrais aller voir l'infirmière. » Vous aviez oublié l'existence de cette femme qui habite au-dessus de la bibliothèque et demeure disponible même la nuit. Mais il est déjà si tard. Et la bibliothèque est si loin... Vous n'en avez plus la force... Et puis, vous n'êtes pas si fiévreux. Pas besoin de la déranger pour si peu...

Vous vous reprenez. Vous rassurez votre ami et lui conseillez d'aller se coucher. Il vous quitte. Vous vous allongez et regardez le plafond grisâtre de votre chambre. Vous vous y promenez la tête à l'envers. Des générations d'étudiants se sont succédé depuis des décennies dans cette chambre. Où sont-ils aujourd'hui ? Que font-ils ? Quel est le sens de leur existence ? Eux doivent savoir. Mais comme vous, ils ont connu le désespoir et la déprime. Ils ont perdu la tête un soir de décembre. Combien de larmes ont coulé sur le sol ? Et sur le bureau ? Combien de coups a subis cette armoire séculaire ? Beaucoup, sans doute. Et le plafond ! Combien se sont tournés vers ce plafond ?

Vous ne dormez toujours pas. Le temps passe. Soudain, un bruit arrête la débandade des minutes. Vous entendez un léger grattement. Cela vient du couloir. Il est quatre heures du matin. Il vous faut dormir. La journée sera longue : deux khôlles en perspective... Le bruit continue et vous paraît même plus intense. Vous vous retournez dans vos draps et essayez de faire abstraction de cette gêne. Ce sont sans doute les prépas HEC qui jouent au football dans le couloir. Vous tâchez de vous rendormir. En vain.

Le frottement n'a pas cessé. Vous ne pourrez pas trouver le sommeil tant qu'il continuera. Vous vous levez pour en chercher la cause et découvrez derrière votre porte deux yeux clairs qui brillent dans le noir du couloir. Vous comprenez. La porte à peine ouverte, ces deux yeux lumineux se faufilent jusqu'à votre lit. Le félin pansu a pris possession de votre couette. Le gros chat noir ne bougera plus de là. Vous souriez. Vous n'avez pas la force de lui résister. Vous fermez la porte et vous étendez à nouveau sur votre couche. Vous vous endormez enfin, serrant le matou dans vos bras. Un suave ronronnement emplit alors le silence de la nuit...

Premières épreuves

« Il n'y a que les imbéciles et les charlatans pour tout savoir et tout comprendre. »

TCHEKHOV

AUTREFOIS, vous étiez le bon élève du secondaire qui pouvait tout se permettre. Ou presque. Vous étiez habitué aux notes sommitales que vos camarades ne connaissaient jamais. Vous étiez persuadé de votre éminence et une note inférieure à treize suffisait à vous déprimer pour le mois. Oui, mais maintenant, tout est différent. Vous êtes face à des individus meilleurs que vous. Ou presque. Vous devez vous surpasser et accepter de ne pas être le meilleur. Au fond, vous avez toujours su quelles étaient vos limites. Mais il est si doux de jouir d'un statut spécial, d'une identité particulière. Encouragements. Compliments. Applaudissements.

Certes, quand l'enseignant s'arrogeait le droit de lire

votre dissertation devant la classe, vous étiez un peu gêné. Vous aviez peur que vos amis vous tiennent rigueur de leurs mauvais résultats. Vous redoutiez l'exclusion s'ils vous jugeaient responsable de leur échec. Mais vous savez qu'il est bon de contempler le naufrage d'un navire quand on est sur la rive. « *Suave mari magno...* » Vous étiez alors à l'abri de toutes les tempêtes. Depuis, vous avez pris le large. Et vous avez peur.

Maintenant, tout a changé. Vous êtes confronté aux autres. Ils sont jeunes, beaux, intelligents. Ils sont cultivés. Pas vous. Vous n'êtes pas à votre place. Mais vous avez déjà tenu la place trois mois. Seulement, vous atteignez vos limites. Vous le sentez. Les autres sont si forts. Les exercices si durs. Les journées si longues. Vous abandonnerez sans doute avant la fin de l'année. Vous êtes impressionné par les discussions de vos camarades pendant les repas : comment savent-ils tout cela ? Leurs parents sont polytechniciens ou professeurs des universités. Leur grand frère est normalien et leur sœur étudie à Cambridge. Et vous ?

Vous ne rentrez pas dans les statistiques ! Pas de père surdiplômé. Pas de mère cadre supérieur. Vous n'habitez pas en face du Panthéon. Vous n'êtes même pas parisien ! Et encore moins élève d'un grand lycée de province ! Cela vous laisse très peu de chances. Qu'espérez-vous ? Vous n'avez pas le profil. Les concours recrutent des élèves qui ressemblent aux examinateurs. Les oraux de l'École servent à distinguer les étudiants qui sont dignes d'être normaliens. La plupart des membres du jury sont d'ailleurs d'anciens élèves de la Maison. On recrute ses pairs, ses successeurs, mais pas ses admirateurs. Les statistiques vous ont vaincu avant même que vous ayez livré la première bataille.

Alors, à quoi bon continuer ? Vous êtes dans un des meilleurs lycées. Le concours blanc commence le lendemain et vous êtes paralysé. Vous allez enfin savoir. Vous allez découvrir de façon irrécusable votre rang dans la classe. Car les copies seront classées. Après, vous ne serez sans doute plus qu'un numéro pour vos professeurs et vos camarades. Donc, vous prenez les devants et vous vous persuadez que vous n'avez rien à faire dans un tel lieu. Et pourtant vous continuez à lire. Une force vous entraîne. Ainsi vous vous perdez dans les chiffres. Le verbe se fait Nombre... Et c'est un sacrilège. « Car le mot, c'est le Verbe, et le Verbe c'est Dieu. » Victor Hugo dénonce votre transgression. Mais vous dormez déjà.

Commence alors ce que vous nommez naïvement la pire semaine de votre existence : sept épreuves de six heures. La première semble la plus cruelle. Seule, elle suffit à déprimer cinquante élèves brisés. Quand le professeur écrit au tableau l'unique sujet qui va vous occuper pendant trois cent soixante minutes, vous en tremblez autant que vos voisins. Il s'agit de réfléchir sur le modèle républicain de 1880 à la veille de la Première Guerre mondiale. Il vous faudra définir ce qu'est ce modèle et problématiser votre analyse pour remplir finalement trois ou quatre copies doubles.

Quand vous parlez à vos amis d'enfance de ces épreuves, ils s'étonnent toujours de leur longueur. Mais, eu égard à ce qu'attendent le lecteur et son stylo mordant, pas une seconde n'est de trop pour la composition de votre travail. C'est toujours la même complainte. La machine à votre poignet marque les secondes. Elle vous entraîne dans ses rotations. Symptômes d'un malaise en six chutes... Et chaque jour, vous reproduisez le même parcours autour du cadran. Toutefois, le déploiement de votre artillerie argumentative n'est pas si simple et il est des interruptions que vous ne pouvez éviter. Même avec le petit déjeuner pantagruélique que votre estomac noué a réprouvé, vous ne pouvez tenir six heures sans faire retentir les grognements gastriques qui déconcentreront vos voisins et vous attireront leurs foudres. Vous avez donc déployé un régiment de barres de céréales qui allient la douceur du chocolat au craquement des abricots secs. Vous lui avez ajouté une batterie de sucreries en tout genre dont le papier ne manquera pas de crisser quand vous le déplierez dans le silence de l'examen. Mais d'autres sont moins conventionnels. Comment oublier ce camarade du Berry qui sort de sa sacoche un demi-concombre coupé dans le sens de la longueur ? Le jeune homme a déjà vanté les vitamines de cette cucurbitacée que ses parents cultivent dans leur potager. Il n'a pu résister au désir d'en retrouver la saveur rassurante dans un moment si difficile, et c'est affamé qu'il porte l'objet à sa bouche. Le légume ne peut alors s'empêcher d'émettre une pétarade de sons inattendus à chaque bouchée du pauvre garçon. La salle entière, ébahie, le regarde mordre dans le dernier morceau. Le regard hagard de ses camarades le dissuadera à jamais de retenter l'expérience.

Mais la faim n'est pas votre pire ennemie. Il est une autre pause que la nature impose. Et celle-là est plus cruelle encore. Elle vous saisit au moment où vous épanchez sur le papier une idée inattendue que vous oubliez aussitôt. Car peu de gens sont capables de tenir six heures sans visiter la salle du bout du couloir, d'autant que tous possèdent une petite bouteille d'eau qui se vide dangereusement au fur et à mesure que se remplit votre copie.

À quel moment vaut-il mieux couper sa réflexion ? Chacun apporte une réponse singulière à cette question. Benoît fait une pause toutes les deux heures. Il affirme que cela lui permet de s'oxygéner et l'aide à accoucher de son analyse. Il est partisan de la maïeutique en plein air et reste parfois une bonne dizaine de minutes à porter son regard vague au centre du cloître qui s'ouvre devant la porte. Thibault quant à lui limite au maximum les pauses. Moins il sort, plus il écrit. Vous êtes adepte d'une solution intermédiaire. Vous vous autorisez quelques minutes de répit au bout des trois premières heures, au moment où vous allez commencer la rédaction de la première partie. Cette solution permet de concilier rythmes biologique et dialectique. Quelles concessions l'esprit ne doit-il pas faire à la chair...

Ainsi se déroulent les sept épreuves. Avant, vous êtes angoissé par la nature du sujet qui va retenir votre attention durant ces longues heures. Pendant l'épreuve, vous êtes paniqué à la perspective de ne pas arriver à achever votre devoir. Après l'examen, vous vous inquiétez pour la note, forcément mauvaise, qui va en découler. Au bout de ces vingt et un mille six cents secondes – votre névrose vous a poussé à faire le calcul –, vous avez toujours l'impression d'avoir enfanté le pire des rejetons. Jamais vous n'aviez si mal écrit... Tout virevolte autour de vous. Bureau. Classe. Mur. Camarades. Stylo. Porte. Vous avez faim, mais vous êtes incapable d'avaler le moindre morceau de pain. Une faiblesse irrésistible vous envahit. Vous allez vous écrouler. Non. Vous résistez. Vos voisins aussi. Votre principale consolation est que la femme sur l'estrade qui a feuilleté un journal pendant ces six heures est maintenant obligée de les lire, ces quatre copies doubles. Elle va passer ses vacances de Noël à corriger les devoirs de ses cinquante élèves d'hypokhâgne et de la soixantaine de khâgneux. Plusieurs centaines de pages raturées et mal organisées en perspective. Personne n'oublie en quittant la salle de lui lancer l'inévitable « Bonnes vacances ! » Elle n'en attend pas moins...

Ces sept exercices sont difficiles. Fatigants. Épuisants. Harassants. Chacun d'eux vous accable. Histoire. Sciences sociales. Mathématiques. Allemand. Philosophie. Lettres. Version. Cette période est pénible. Mais que le béotien n'aille pas croire que vous ne ressentez pas une certaine jouissance ! Car, au fond, cela vous plaît ! Comment faire comprendre cela à votre père ? Vous n'êtes pas vraiment ce qu'on pourrait appeler un masochiste. Vous aimeriez pouvoir en convaincre vos parents. Il y a toujours quelque chose de fantastique, de jubilatoire dans l'acte d'écrire.

C'est à chaque fois une occasion nouvelle de dépasser vos limites, de réaliser l'impossible. Vous aimez cela. Vous le désirez, même. Vous vous abandonnez sur le papier. Un état de transe s'empare de vous. Pourquoi lutter ? Comment résister ? Quentin ressent la même chose. Vous le savez. Chacun garde secrètes les émotions qu'il éprouve dans cet instant. Elles sont tellement intenses. Quels mots pourraient les exprimer ? Pas un. Alors, les autres penseront que vous connaissez l'enfer. Mais ils ne sauront jamais que l'enfer est doux. Que la jouissance des mots est plus forte que toute souffrance. Il est des instants qui justifient tous les malheurs qui peuvent vous accabler pendant le reste de votre vie. Il est des expériences qui restent mémorables. Il est des souvenirs qui dévorent une vie. Mais chut... Laissez-vous plaindre...

Première soirée

> « Et le cadavre immobile semblait heureux. »
>
> MAUPASSANT, *La Veillée*

C'EST la dernière épreuve. Vous êtes devant votre copie et vous tâchez de poursuivre votre composition. Pourquoi ne pas rendre deux parties plutôt que les trois réglementaires ? Pourquoi ne pas jeter vos chaînes de cellulose sur le bureau et courir vers l'extérieur ? Dehors vous attend la liberté. Vacances. Verdure. Vie. Le repos, quoi ! Et vous l'avez bien mérité ! Que de pages lues ! Mais il reste une heure. Il faut résister.

Vous devez achever ce devoir... Après tant de copies noircies, un abandon serait lâche, idiot. Et pourtant si séduisant... Vous vous laisseriez tenter sans la vague idée du classement qui suivra ces sept épreuves. Vous êtes fatigué. Une barre de céréales instable orne tristement le bord de la table. Vous n'avez même plus la force de mordre dedans. Fuir ! Partir ! Et jouir. Cependant, vous êtes obligé de lutter. C'est la dernière épreuve. La dernière ! Courage. Vous vous reprenez et vous replongez dans votre dissertation.

Il s'agit d'étudier la place des intellectuels en Allemagne à partir de trois textes. Votre analyse doit bien sûr être rédigée dans la langue d'outre-Rhin et c'est là que cela pèche... Tout votre vocabulaire a déjà été placé de force. Il occupe, chancelant, cinq pages, et menace de s'effondrer dans un blanc catastrophique. Alors vous colmatez les trous. On vous a fait apprendre des mots de liaison prêts à emplir n'importe quel vide de votre esprit. Vous trouvez cela pratique. Mais votre édifice penche toujours plus dangereusement vers le sol. Tout cela va-t-il crouler ? Quel dommage ! Il ne reste qu'une heure. Autant sortir tout de suite. Mais non, il vous faut continuer à écrire, poursuivre cet exercice rhétorique, même si vous n'avez plus rien à dire. Alors vous changez de partie. Vous débutez le troisième mouvement de votre analyse.

Les mots vous fuient. Comment dit-on *engagement* en allemand ? Non, il s'agit de penser dans la langue dans laquelle on écrit. *Kann man nach Auschwitz ein Gedicht schreiben ? Kann man noch denken ?* Votre syntaxe est maladroite et vous paraphrasez Adorno. Alors vous rédigez deux pages sur l'engagement de l'intellectuel et son rapport à la langue. Cet exercice vous convainc que l'écrit n'est pas un simple vecteur des pensées. C'est la formulation qui importe. Or le passage par l'allemand appauvrit considérablement votre propos. Vos remarques semblent creuses. Vos conclusions abusives. L'édifice va s'effondrer, c'est sûr ! Et puis, non ! Courage ! Vous achevez votre troisième partie et recopiez la conclusion écrite trois heures plus tôt. Le devoir peut être rendu. Il reste à relire. Les vacances sont si proches. Comment se concentrer ? Les mots s'entremêlent dans votre esprit. Vous ajoutez des fautes. Vous ne vous rappelez plus les déclinaisons. Et puis, tant pis ! Vous déposez votre devoir sur le bureau. Heureux, mais non satisfait. Votre analyse a abouti. Cette tour de Pise a résisté. Vous avez évité la chute. Mais pour combien de temps ?

S'ouvrent alors les vacances. Vous avez enfin un après-midi libre devant vous. Mais le meilleur viendra seulement après. Benoît a loué une salle non loin du lycée pour organiser une soirée. Elle se situe dans une grande maison bourgeoise, la villa Saint-Cyr. Presque tous les élèves ont acheté une place. La municipalité a fait un prix pour la location et le déficit ne sera pas trop élevé. Vous vous y rendrez à vingt heures afin d'aider Benoît dans ses préparatifs. L'idée de découvrir vos camarades hors du champ scolaire vous plaît beaucoup. Vous vous sentez surexcité. La pensée seule que les sept épreuves sont terminées suffit d'ailleurs à vous échauffer. Vous traversez la cour en sautillant. Comme dans un rêve.

Quel retour à la naïveté ! Toutes vos inhibitions vous quittent. Vous chantez. Vous vous éloignez le plus vite possible de cette salle dans laquelle vous avez souffert pendant six heures. Soudain, une main ferme se pose brusquement sur votre épaule et vous retient. Quentin vous a rattrapé. Il propose d'aller ensemble à la soirée. Le rendez-vous est pris.

Vous vous précipitez dans le métro. Vous allez enfin pouvoir découvrir Paris autrement que par ses bibliothèques et ses librairies. Vous marchez dans les rues en frôlant les passants. Vous êtes vivant ! Le vent caresse votre visage. Une odeur forte sort des égouts. Le trottoir est recouvert de détritus et de déjections canines. Vous avez envie de dire bonjour à n'importe qui. Tous ces inconnus vous semblent enchantés. Ils toussent, se mouchent, puis repartent en bousculant la grand-mère qui marche devant eux. Ils sont vivants. Eux ne connaissent pas la prépa et ne la connaîtront jamais. Qu'ils doivent être heureux ! Ils vaquent à leurs occupations, vivent sans questions insolubles. Sans discours insidieux. Et sans savoir insaisissable. Pas vous. Ils doivent *faire* l'amour comme on peut faire le ménage ou le café. Pas vous. Vous êtes en prépa. Un jour peut-être accéderez-vous à cet univers. En attendant, vous essayez de vous en imprégner pendant ces instants insolites. Vous traversez les rues. Personne ne vous salue. Les gens paraissent pressés. Personne ne réfléchit. Ce monde dont on parle dans les livres existe donc bien !

Un livreur de pizzas manque de vous écraser. Sa

tunique rouge disparaît dans le lointain assourdissant de sa mobylette. Vous continuez à longer les rives. Le bruit de l'eau vous apaise. Le froid durcit vos joues. Vous respirez. Le fleuve est beau. C'est comme dans un rêve. Au loin, des hommes en uniforme sortent un cadavre de la Seine. Vous errez le long des quais avant de remonter vers le nord. Champs-Élysées. Magasins. Vitrines. Des gamins écrasent leur nez contre le carreau. C'est comme dans un rêve ! Les bambins pleurent devant les automates qui leur font peur. Les adultes sont les seuls à se délecter du spectacle. Ils rient de bon cœur. C'est la magie de Noël ! Mais vite, les quelques heures de liberté se sont enfuies. Vous retournez au lycée. Puis vous retrouvez Quentin qui vous accompagne à la villa Saint-Cyr.

Là-bas, l'alcool coule à flots. Chacun noie ses restes de réflexion dans du gin. Surtout, il ne faut plus penser aux examens. Sauvez vos vacances ! Oubliez ! Il sera toujours temps en janvier de découvrir que vous êtes le dernier. Avant cela, vous connaîtrez les joies des fêtes de fin d'année. Sapin. Champagne. Cotillons. Vous découvrirez le nouveau livre de micro-économie ou le stylo tout neuf que vous aura apporté le père Noël... Quelle joie ! Être loin de la salle numéro 5. Loin de vos bibliographies. Loin de vos professeurs. Alors vous buvez. Vous trinquez pour oublier. Il faut vous amuser ! Vous ne pourrez pas faire de nouveau la fête avec des jeunes de votre âge avant longtemps.

Alors vous vous égayez. Un verre de vodka dans la main gauche.

Cette soirée est aussi l'occasion de discuter et de mieux connaître vos camarades. L'alcool aide. À côté de vous, on parle gros sous. Thibault dévoile le salaire des khôlleurs. Il l'a découvert par l'indiscrétion d'un de ces interrogateurs. Vous ne saisissez pas bien les calculs. Un garçon ébahi reprend au bar le chiffre invraisemblable.

Vous versez du Soho dans votre verre. Le tiers du cylindre est garni du joyeux liquide. Vous saisissez une bouteille de coca et faites tout déborder. La précieuse liqueur tache le drap qui recouvre la table. Elle se répand sur le sol. Vous vous dites que vous buvez trop. Mais vous n'êtes pas le seul. Déjà une amie vomit aux toilettes. Deux garçons malades, affalés sur le sol, en gardent l'entrée. Quentin aussi a dépassé les limites. Il se désinhibe. Il danse sur la piste comme s'il ne contrôlait plus ses gestes. Il délire complètement. Il vous voit et se dirige vers vous. Ce garçon si sage vous lance un « Je me sens bien ! Je plane ! » et retourne vers le bar.

Pourtant, personne n'a l'air vraiment heureux. Joyeux, si. Mais ce n'est qu'une image. Chacun souhaite s'amuser et profiter de cet instant de répit. Chacun garde néanmoins en tête les peines à venir dans ce vieil établissement. Finies les vacances insouciantes de votre adolescence. La magie s'est évanouie. Vous n'êtes plus un gamin. Vous êtes trop conscient de vos engagements.

Tous vos camarades font leur possible pour se divertir. Goûter l'instant présent. Se sentir des étudiants comme les autres. Mais nul n'y parvient. Vous buvez. Vous oubliez. Seule la fuite est possible. Thibault vous verse un autre verre. Vous le videz. Vous saisissez une bouteille de whisky. Vide.

La chaleur de la boisson vous a totalement pénétré. Il faut arrêter. Dans un coin de la pièce, deux filles fument un joint. Sur la piste de danse, la température s'est élevée imperceptiblement. Beaucoup sont ivres. Quentin n'est pas en reste. Il tourne autour d'une fille. Cette perspective piquante vous fait poser votre verre. Vous sortez de votre torpeur. Il ne va quand même pas oser ! Il s'agit d'une donzelle un peu grasse qui vous paraît sans intérêt. Il insiste pourtant. Le rhum a rendu son regard plus pénétrant que jamais. Ses yeux empreints d'une profonde tristesse sont irrésistibles. La proie ne peut résister. Qu'importe, demain, aucun des deux ne s'en souviendra. Seules les allusions ironiques de leurs amis témoigneront de ce moment d'abandon. Déjà ils s'étreignent sur le bord droit de la salle. L'ombre du bar forme un trapèze avec le mur sur lequel ils s'enlacent. Vous voulez vous détourner. Ils s'abandonnent. Quentin a dû boire plus qu'il ne vous a semblé. Les bras lourds de la jeune femme se promènent sur son corps.

Vous êtes un peu triste. Triste de l'état dans lequel se trouve votre ami. Les autres sont tristes de leur solitude. Quand on ne peut pas changer les choses, on change de sujet. Vous vous retournez. Vous prenez un verre et sortez dans le jardin de la villa. Différents couples s'y sont aussi formés, de désespoir ou d'ivresse. Vous vous sentez perdu. Les mots tournent et le sol aussi. Vous êtes étendu par terre. La musique résonne au loin. Le froid de la nuit vous saisit. Des gens vous enjambent. Ils partent. Tous se séparent et rentrent seuls. Même ivres, ils n'ont jamais cru à la romance. Elle n'est pas possible dans ces conditions. Elle germera plus tard, là où la nature ne l'attend pas. Mais sûrement pas dans la cave d'une vieille bâtisse municipale.

Vos yeux parviennent à rester ouverts. Vous regardez les étoiles. Vous ne ressentez pas ces enthousiasmes imbéciles qui saisissent parfois les écrivains attardés à regarder la Voie lactée. Les astres brillent. Mais vous ne pensez à rien. Vous profitez de la gelée de la rosée matinale. Et votre estomac brûle. Soudain, Quentin apparaît, les yeux éteints. Il vous regarde. Sourire. Vous lui proposez de rentrer. Il le souhaite. Vous vous levez. La terre a imprégné les fesses de votre pantalon. C'est tout humide. Vous vous sentez bien cependant. Quentin vous suit. Il titube un peu. Vous aussi. Finalement, vous vous repérez dans le dédale de rues qui mènent au lycée et à l'internat. Vous êtes plus lucide que vous ne le croyiez. Quentin est visiblement encore troublé par les lèvres de la chimère dodue. À moins que ce ne soit l'alcool qui lui donne cet air perdu. Il vous regarde, pensif, comme s'il cherchait votre approbation. Il est vraiment gris. Seul, il n'aurait probablement pas retrouvé son chemin. Vous le ramenez dans sa chambre. Il faut qu'il se couche. Comment ? Il se laisse manœuvrer. Vous pourriez faire ce que vous voulez de lui... Mais vous n'en avez pas le temps. Il est beaucoup moins saoul qu'il ne le paraissait... C'est lui qui agit.

Première frayeur

« Et même plus tard, lorsque s'étant abandonné et regardant son livre, il se reconnut avec dégoût sous la forme du texte qu'il lisait, il garda la pensée qu'en sa personne déjà privée de sens, tandis que, juchés sur ses épaules, le mot *Il* et le mot *Je* commençaient leur carnage, demeuraient des paroles obscures, âmes désincarnées et anges des mots, qui profondément l'exploraient. »

MAURICE BLANCHOT, *Thomas l'obscur*

VOUS ne savez pas ce qu'est la vie et vous mourrez peut-être sans savoir. Noël a passé. Vous avez connu les joies du vacancier. Une demi-douzaine de repas bien arrosés dans un vieil appartement. Glauque. Vous allez maintenant connaître les angoisses des jours de résultats. C'est pourquoi en ce lundi de rentrée votre estomac est noué. Votre ignorance va apparaître au grand jour. Votre main tremble quand vous fermez à clé la porte de votre chambre. Vous descendez au réfectoire pour boire un thé, mais vous ne pourrez rien avaler. L'heure est trop grave. Vous n'avez rien fait des vacances. Cédant aux injonctions familiales, vous vous êtes reposé. Vous avez bien ouvert un ou deux manuels, mais il ne vous en reste rien. Vous craignez les autres. Eux sans doute ont travaillé pendant les deux semaines de congés.

Un sentiment de culpabilité s'est insinué en vous depuis peu. Quand vous vous placez innocemment devant un poste de télévision ou que vous restez au téléphone à discuter avec des amis, quelque chose grince en vous. La mauvaise conscience. Vous devriez être en train de travailler. Alors, souvent, vous renoncez à l'occupation futile et vous dirigez vers votre bureau où vous vous abandonnez pour quelques heures encore. Quand vous jetez un regard oblique sur les mois qui viennent de s'écouler, vous concluez que vous n'avez jamais autant travaillé. Et tout moment de repos est suivi d'angoisse. L'angoisse d'avoir pris du retard. Bizarrement, vous retournez en prépa presque volontiers. Ce rythme vous est déjà familier. Au moins, les tentations n'y sont pas si proches que chez vous. Vous êtes marqué par cette nouvelle existence. Vous êtes un autre. Le pacte qui vous lie depuis votre arrivée en voiture ne pourra plus être défait. Il est maintenant trop tard pour abandonner. Vous irez jusqu'au bout.

Vous parvenez dans la salle où est servi le petit déjeuner. Quelques camarades vous saluent d'un regard. Leur teint vous semble moins cadavérique qu'en décembre. Ils ont sûrement profité des vacances pour souffler un peu. Tout comme vous. Peut-être votre retard ne s'est-il pas même accentué. Vous respirez. Bientôt, ils vous confortent dans cette idée. Pourtant, des yeux cernés vous font douter. Sorties nocturnes ou études tardives ? Vous soupçonnez quelques visages blafards d'avoir séjourné un certain temps entre deux piles d'ouvrages. Mais sans doute ne leur apparaissez-vous pas plus vaillant ? Votre ventre vous fait souffrir. Votre estomac noué propage dans tout votre corps des ondes d'angoisse à la pensée des résultats à venir.

Vous repoussez sur le bord de votre plateau le croissant du lundi. C'est un jour faste : on ne vous consent cette viennoiserie qu'un jour sur deux. Un camarade vorace s'empresse de la dévorer. Vous la lui avez cédée volontiers. Vous découpez l'orange quotidienne et la pressez maladroitement au-dessus de votre verre. Peu de jus en coule. Cela vous suffira. Vous ne pouvez faire mieux. Certains ont apporté un presse-agrume à la cantine. Mais il faut le rincer. L'essuyer. Le ramener dans la chambre. Trop compliqué. Votre temps est précieux. Vous vous contentez donc chaque jour de quelques gouttes de jus. Et ce matin vous en avez particulièrement besoin.

Tandis que le personnel est déjà en train de refermer la porte du réfectoire, un garçon se précipite et empêche la clôture du battant. C'est Quentin qui, fidèle à son habitude, a peiné à se réveiller. Il est plus mal coiffé que jamais. Ses yeux empreints de tristesse se posent directement sur vous. Il est arrivé tard la veille et vous ne l'avez pas vu depuis quinze jours. Il vous a certes téléphoné. Il avait besoin d'explications. Après une telle soirée, comment pourrait-il en être autrement ? Vous lui souriez. Une fois de plus, il ne peut se saisir que d'un quignon de pain et d'un pot de confiture avant que les agents referment leur office. Il s'assoit à la table et dévore la pitance. Il ne semble pas remarquer les regards entendus de ses voisins. Il ne perçoit même pas leurs sourires moqueurs. Un crétin risque une allusion perfide : « Alors, Quentin, tu t'es remis de ta soirée ? »

Votre ami lève la tête et lance un « Pourquoi ? ». L'autre n'ose répondre. Le sujet sera oublié jusqu'à la salle de classe, où il subira derechef les sarcasmes de ses condisciples. Vous pensez qu'il a un peu mérité ces railleries. À embrasser n'importe qui, on ne conquiert rien. Que de blagues frustes ! Des rires fusent. S'ils savaient...

L'atmosphère devient immédiatement moins enjouée à la seconde où le professeur de mathématiques pénètre dans la pièce, un paquet de copies sous le bras. Les traits se tirent. Les rires se tarissent. Le grand homme blond dépose la liasse sur le bureau dans un silence hiémal. Un hâle brun trahit ses vacances à la montagne. Mais personne ne s'y trompe. Le sourire du sportif est glacial. En guise d'introduction, il évoque le mois de mai. Les élèves les moins bien classés doivent songer dès maintenant à leur réorientation. Un frisson parcourt l'assistance. Une fois de plus, il donne le ton. Dehors, il neige. Le chauffage de la salle semble suspendu. Vous grelottez. Vous avez peur. L'enseignant se dirige déjà vers les premières tables. Vous savez que les copies sont classées de la meilleure à la plus déprimante. L'insupportable attente a débuté.

Le maître remet la première copie à un élève et lance en guise de commentaire : « Vingt. » Puis il poursuit sa ronde. Il s'agit pour vous d'obtenir votre copie le plus rapidement possible. Chaque seconde réduit d'autant le nombre de points. Vos nerfs vont craquer. À chaque nom que prononce le mathématicien vous attendez le vôtre, mais c'est toujours une déception. Vous tremblez. Vos voisins aussi. La remise de la copie est une véritable délivrance. La chute des notes est arrêtée et vous oubliez le flot qui se poursuit. Vous vous raccrochez aux quelques points qui ont été sauvés. Mais, pour l'instant, toujours pas votre nom ! Vous allez vous évanouir. La pièce tourne. Le plafond s'effondre. Le sol s'ouvre. Soudain, votre prénom retentit dans le calme sinistre de la pièce. Vous faites un signe de la main. L'enseignant s'avance vers vous. Vous allez perdre connaissance, c'est sûr. Il approche de votre table. Vous mourez. Il vous tend votre devoir. « Six. »

Ce n'est pas brillant. Vos parents vont être déçus. Mais vous vous y attendiez. Ce ne sont pas les dizaines de minutes qu'a passées Thibault à vous expliquer les théorèmes qui pouvaient vous sauver de l'échec. Il a d'ailleurs obtenu sa copie le premier, dans un instant de gêne. Il prend maintenant conscience de sa chance. Mais il aura du mal à se remettre de sa note de philosophie... Vous êtes abattu. Vous n'avez rien à faire ici. Puis vous vous raccrochez au seul espoir qui vous reste : le professeur d'histoire a déjà pris la place de son collègue.

Elle parle à son tour du mois de mai. Vous tremblez encore plus fort qu'à l'heure précédente. Vous n'irez jamais en khâgne. Vous auriez dû travailler pendant les vacances. Elle continue ses mises en garde. Soudain, comme par malice, elle sort le précieux paquet de sa sacoche en peau rougeâtre. Pour se démarquer de son confrère, elle a rangé les copies dans l'ordre croissant. Vos dents grincent à tant de fantaisie. À son tour, elle déambule dans la pièce. Les mains se font de moins en moins hésitantes. Votre cœur bat de moins en moins vite. Elle annonce soudain que les copies restantes ont la moyenne. Vous soupirez. Elle poursuit sa ritournelle. Bientôt, il ne lui reste qu'une copie. C'est la bonne. C'est la vôtre.

Le professeur entreprend sa correction et ne cesse de porter aux nues votre travail. Elle a repris votre plan et paraphrase paresseusement vos propos. Vous ne l'écoutez pas. Vous êtes ailleurs. Au plus profond de vous, un espoir est en train de voir le jour. Vous irez au bout ! Vous vivrez ! Vous allez vous battre. Vous serez khâgneux. Vous ne serez peut-être plus qu'un numéro pour vos professeurs. Mais ce nombre sera d'or. Vous survivrez. C'est sûr. Vous ne savez pas ce qui vous a poussé à entrer en prépa. Il est des décisions qui bouleversent une vie. Votre choix était peut-être le bon.

D'autres résultats suivront. Le professeur de philosophie se refuse à classer les dissertations. En lettres, le professeur ne peut s'empêcher d'accompagner la remise des devoirs d'une liste d'observations désagréables. « C'est pour votre bien... » À votre grande surprise, vos résultats sont tous convenables. Les compliments se succèdent. Restent les maths. C'est juste. Mais vous êtes perfectible et vous espérez de nouveau. Oui, vous y arriverez ! La culture des autres n'était-elle que simulacre ? Leur prétendue supériorité a volé en éclats. Vous ne comprenez pas pourquoi et doutez encore de ce qui vous arrive. Vous rêvez, sans doute. Mais le chat n'est pas là et vous êtes parfaitement éveillé. Vous avez une pensée sadique pour celui qui n'a cessé de parler d'un air distingué du 20 qu'il a obtenu à l'épreuve de philosophie du baccalauréat. Il a hérité d'un 4 dans cette même matière. Trop scolaire. Il ne s'en remettra jamais. « Tant mieux... », pensez-vous. Vous avez peut-être raison. Tous sont d'accord. Mais gardez-vous de devenir présomptueux. Rien n'est encore gagné.

Le classement attendu est affiché en début de soirée. Vous cherchez votre nom sur la feuille et songez au jour où vous vous trouverez devant la liste des élèves admis à l'École normale supérieure. Ces minutes sont encore lointaines, mais une crispation mystérieuse raidit déjà vos muscles. Ces résultats seront affichés sur la porte de la rue d'Ulm. Vous partirez du bas de la liste et vous remonterez les patronymes, pas trop rapidement. Ce sera là où tout finira... L'oméga de votre quête. Vos yeux se dirigent toujours plus haut sur ce papier redoutable. Ce moment marquera la fin de votre souffrance. Sueur. Peines. Pleurs. Ou alors tout se sera enrayé et vous aurez abandonné bien avant. Mais désormais vous croyez. En vous. En votre réussite. Vous admettez que vous avez des raisons de vous battre. Vos yeux s'immobilisent. Vous êtes troisième ! Troisième ! De ces cinquante hypokhâgneux studieux, vous êtes parvenu en tête. Vous chancelez de bonheur.

Vous faites deux pas en arrière pour vous éloigner de la porte sur laquelle est placardé le classement. Aussitôt des camarades occupent l'espace dégagé et se pressent contre le mur. Tous cherchent fébrilement leur nom. Une jeune fille s'écarte brusquement du panneau et éclate en sanglots. On se retourne. On lève la tête. Elle part en courant. Une voix s'étonne : « Elle est dernière ? » Il est en effet plus facile de clamer qu'on vit bien la prépa quand les résultats sont cléments. Le décalage entre le temps et l'ardeur brûlés sur l'autel du savoir et le résultat est difficile à accepter. Il est dur de recevoir un 2 pour un devoir qui porte à bout de bras des heures d'efforts et des milliers d'espérances. Mais vous n'avez pas ce problème. Et Coralie, qui vient de s'enfuir en sanglotant, non plus. Vous vérifiez sur la liste. Elle est neuvième.

Les autres ne comprennent pas sa conduite. Ils y voient une insulte à leur classement inférieur dont ils se satisfont. Il est vrai qu'« elle n'est pas à plaindre ! ». Pour autant, pleure-t-elle « pour un rien » ? Elle appartient aux dix premiers de la promotion. Ramené à la cinquantaine d'élèves en compétition, ce rang semble satisfaisant. Coralie a de grandes chances d'être admise en seconde année. Pourtant, quelque chose en elle murmure que ce n'est pas assez. Elle veut intégrer la Grande École. Elle ne conçoit pas son existence autrement que normalienne. Alors elle travaille des nuits entières. Donc elle déprime. Son asthénie perpétuelle accentue sa faiblesse. Au moindre jugement, à la moindre remarque, elle s'effondre. Sanglots. Gémissements. Découragement. Ces pleurnicheries apparaissent plus souvent comme le fait des filles. Elles étaient de bonnes élèves dans le secondaire et supportent mal la pression permanente. Elles sont plus faibles psychologiquement. C'est incontestable. Il est bien connu que les garçons ne pleurent jamais...

Quentin vous attend à la sortie de la salle. Vous l'entraînez dans la cour vers la cabine téléphonique. En un instant, vous composez le numéro et entendez la voix incrédule de votre mère, ravie. Vous raccrochez. Vous laissez la place à Quentin. D'un geste, il vous fait comprendre qu'il n'a personne à appeler. À quoi bon joindre ses parents ? Pourquoi risquer de se heurter à leur indifférence ? Non, il ne leur dira pas. Il méprise tout ce qui leur importe. Lui, il se moque de ce classement. Du moins, il le croit. Ses parents attendront en vain son appel. Ils en déduiront que leur fils n'a pas osé leur avouer son échec. Paisiblement, Quentin s'éloigne de la cabine. Pourtant, il est premier.

Vous remontez ensemble à l'internat. Vos voisins scientifiques discutent dans le couloir avec animation. Leurs résultats sont aussi tombés et ils rêvent d'une étoile. Ce signe constitue l'aboutissement de toute une année et la perspective d'une intégration. Polytechnique, pourquoi pas ? Les Mines, l'ENSAE ou Centrale au pire. Alors ils calculent des moyennes, des variances et des écarts types. Ils font des régressions, des projections. Ils dressent des plans de bataille pour les quatre mois à venir. Il leur faut absolument figurer parmi les premiers pour être dans la bonne des deux maths spé. Alors ils prient cette bonne étoile. Il reste un semestre pour inverser les scores et gagner ces cieux scientifiques loin des camarades qui prépareront les plus minables des écoles d'ingénieurs. Tant pis pour eux. C'est la dure loi de la prépa.

Vous les laissez à leurs oracles et entrez dans votre chambre. Le chat est resté tout l'après-midi sur votre lit. Comme chaque midi, vous êtes remonté après le repas pour boire un thé. Le matou vous a suivi et a fait mine de sombrer dans un profond sommeil entre les couvertures. Il avait l'air si heureux. Vous n'avez pas eu le courage de le déranger. Le bien-être est rare en ces lieux. Alors vous êtes descendu sans importuner le dormeur. Vous avez entrouvert la fenêtre, histoire qu'il puisse sortir. Apparemment, il n'a pas bougé. Le froid sec de janvier a envahi votre chambre. Vous fermez l'ouverture et contemplez l'animal. Il vous observe d'un œil interrogateur : vous n'allez quand même pas le déranger... Il émet un ronronnement apaisant. Il est si bien. Vous aussi.

Vous vous prenez à rêver. Vous gravissez les marches du temple à quatre pattes, ébloui par le reflet du soleil sur le marbre lactescent. Il fait chaud. Vous peinez à soulever le bras pour le poser sur la strate supérieure, parvenant toutefois au sommet de l'escalier. Vous êtes désormais admis à pénétrer le lieu saint. Quelle victoire ! Belle journée. Vous vous appuyez sur une colonne et contemplez la ville. Une multitude de lueurs parsème la terre. Et le ciel de la nuit. Vous êtes heureux. Enfin. Vous vous apprêtez à redescendre quand vous êtes ramené à votre chambre. Vous vous êtes assoupi. Le chat est devant la porte et s'impatiente. Il veut sortir. Il doit avoir faim. Il vous lance un regard implorant. Vous dégagez l'obstacle qui le bloquait. Vous êtes tout-puissant ce soir. Vous gagnez en amour comme on gagne en noblesse.

Premier dé-lire

> « Nous sommes en présence du déraillement d'une locomotive surmenée. C'est un cauchemar qui tient la plume. »
>
> ISIDORE DUCASSE, *Poésies*

VOUS êtes envahi d'images qui ne sont pas à vous. Le soleil rayonne sur les ondes bleues d'un lac morainique. Le train a déjà passé le verrou et débouche dans le ventre d'un glacier de cirque. Une fine buée a recouvert les vitres. Vos mains sont froides et vos pieds glacés. Vous grelottez. La locomotive pénètre dans un autre tunnel. En sortira-elle ? Vous ne le saurez pas. Votre réveil vient de faire entendre un grincement menaçant. Déjà on entend les plaintes lointaines des chasses et des douches au bout du couloir. Des pas pressés retentissent derrière la porte. Vous vous retournez dans vos draps. Vous vous calez contre le mur. La fraîcheur ambiante vous pousse à vous réfugier sous votre couette. Vous êtes bien. La torpeur revient. Vous ne vous lèverez pas. Oublié le cours de sciences sociales... Oubliées les heures de rattrapage qu'il faudra fournir. Peu importe. Vous regagnez les altitudes oniriques. Là-bas, la machine n'est pas sortie du tunnel. C'est votre premier dé-lire. Insignifiant...

Après l'excitation des premiers résultats, le mois de janvier vous a présenté son vrai visage. Le rythme de travail s'est accéléré. Vos professeurs se sont aperçus qu'ils ne boucleraient pas le programme qu'ils s'étaient imposé. C'est la déprime. Les vacances sont lointaines. Les loisirs oubliés. Seuls vous restent les plaisirs de l'internat. Et ils sont maigres. Vous allez chercher du réconfort auprès de Quentin. Vous l'obtenez toujours. Mais lui aussi est en proie à son dé-lire. Les livres ont été poussés dans un coin du bureau. Impossible d'y toucher ! C'est bien pire qu'une maladie. L'unique remède est le temps, qui vous poussera vers des périodes plus douces. Vous broyez des mots. Leur noirceur s'est enfoncée en vous. Vous ne sortirez jamais du souterrain. Vous resterez dans la caverne. Alors le wagon de chair déraille.

Dehors, il fait froid. Le ciel est terne. Les platanes sont décharnés. Ils laissent pendre leurs membres au-dessus du vide de la cour. Au loin s'étend la banlieue. Glauque. La ville sombre affiche ses façades grises à perte de vue. Bientôt, elle pleure. La pluie résonne contre les carreaux. Les larmes sales frappent les gouttières du vieux lycée. La boue envahit les couloirs. Quelques élèves se pressent entre les colonnes du patio. Des enseignants retiennent d'une main ferme le parapluie que les bourrasques tentent de leur arracher. Ce paysage trépasse. Vous aussi. La lumière du néon ne suffit plus à éclairer votre chambre. Cela rend la lecture fatigante. Prétexte. Vous ne lisez plus. Pourtant, il faut travailler. Alors vous vous retranchez dans les fables des mathématiques. Mais vous n'y comprenez rien. Les symboles s'entremêlent. À quoi bon ?

Et si les emblavures étaient stériles ? Rien ne germera sur cette terre. Toute lecture vous est devenue insupportable. La mauvaise herbe a envahi tous les ouvrages. Vous ne pourrez sans doute plus jamais lire une ligne. Et vous n'entendez rien à l'algèbre linéaire. Ce n'est pas la solution. Deux sujets de dissertation ont déjà pris place sur votre bureau et annoncent des heures pénibles. Les devoirs du samedi vont reprendre leur course jusqu'à l'été. Il faudrait vous plonger dans la littérature. Mais cela vous écœure. Vous contemplez votre chute. Sanglante. Vous craquez.

Quentin est dans un état encore plus terrible. Il prétend ne plus savoir lire. Il a oublié. Ou bien peut-être qu'il n'a jamais su. Jusqu'ici, il n'a fait que regarder les images et reconnaître des signes au milieu des pages. Il a perdu toute confiance. Ses lèvres charnues, palpitantes, vous expliquent qu'il ne s'est jamais trouvé ailleurs qu'au premier stade de la connaissance. Il est resté ce chameau que décrit Zarathoustra. Il a engrangé des savoirs pour l'hiver. Il a bu cette science aqueuse et l'a amoncelée dans sa bosse. Certes, dans les périodes de sécheresse intellectuelle, il pourra puiser dans ce réservoir. Mais il pense être demeuré dans une union primaire avec les livres. Il cite Nietzsche ardemment et vous pensez qu'il a raison. Peut-être êtes-vous aussi en train de connaître une métamorphose ? Il s'agit en effet de dépasser le stade du chameau pour devenir le lion qui rejette en bloc tout ce que le méhari a absorbé.

Le lion est celui qui dit « Non ! ». Il s'interroge et nie tout. Il permet de digérer le savoir. Vous êtes dans cet état de déjection. Les défécations ont envahi votre chambre. Vous brûlez tout. Vous allez céder. Quentin a déjà purifié par la flamme sa sainte résidence. Il ne reste presque plus rien. Les rugissements de l'animal ne vous invitent que davantage à poursuivre. La solution est dans le dépassement de votre bestialité. Ainsi peut-être s'opérera la troisième métamorphose : vous deviendrez cet enfant qui dit « je ». Mais, pour le moment, vous n'êtes que vous. Vous ne pouvez assumer un discours singulier qui émanerait de votre subjectivité. Alors vous souffrez. La larve ne devient pas chrysalide dans la joie. Le chrétien ne s'éteint pas toujours dans l'extase. Votre « monde meilleur » est lointain. Ce n'est encore qu'un goût sur vos lèvres...

Vous êtes en transe. Une raideur dans vos membres. Quentin augmente l'ardeur de votre trouble. Ses yeux, saturés de tristesse, vous fixent d'un air audacieux. Il faut se raccrocher à une corde pour ne pas sombrer. Mais il vous a déjà cloué à la croix. Trop tard. Vous êtes entré en plein dé-lire. Votre cellule connaît également le feu.

Le regard enflammé du pyromane est toujours fixé sur votre visage. Tout flamboie. Il ne reste qu'un livre : *Zarathoustra*. L'enfant va pouvoir naître. Mais il est trop tôt. Cependant, une chose est sûre : cette union du feu et du livre n'est pas stérile ! Vous ressentez tous ces orangés brûlants qui vous procurent une jouissance certaine. Vous allez vous évanouir... Les fumées suaves sont trop pénétrantes. Des fragrances vous caressent les narines. Mais Quentin s'est retiré. Vous êtes seul dans votre chambre. Table rase. Une seule œuvre a survécu aux flammes : *Zarathoustra* nage dans les cendres. Vous le saisissez fermement à bout de bras. Mais il pèse trop lourd dans votre main gauche. Il vous faut le reposer. Quand vous refermez enfin le livre, vous avez du sang sur les doigts.

Le dé-lire vous rend la vie insupportable. Votre attention se loge dans des détails tous plus futiles les uns que les autres. Tout vous pousse à embrasser avec violence l'objet de vos désirs. Alors un rien vous extrait du manuel dans lequel vous êtes immergé. Une poussière vous emmène loin des propositions mathématiques vers des endroits plus suaves. Un grain de sable vous tire des statistiques pour visiter des contrées pas si éloignées. Le travail est désormais impossible. À quoi bon se tuer à la tâche ? Gardons des forces pour plus tard. Tout vous entraîne vers ce futur. Cet avenir ne vous a jamais paru si proche. Quentin aussi...

Il est victime de la même démence. Cela vous aide à passer ce cap difficile. Vous ne sombrerez pas. Il est plus facile de saisir chez l'autre l'infection qui vous ronge.

Vous voguez vers le soleil. C'est sûr ! Alors, pourquoi faire marche arrière ? Avancez ! On se penchera sur vos objections plus tard. Il n'est pas moral de brûler des livres, dites-vous ? C'est un acte débilitant qui remémore les dérives passées. Mais cet autodafé est avant tout un acte de foi. De foi en vous. La morale n'a rien à faire dans cette histoire. Vous le savez bien. Laissons cela aux hommes. Retournons sur notre Parnasse. Vous êtes dans votre chambre. Assis devant votre bureau, vous ne travaillez pas. Vous doutez de vos propos. Une ardeur vous a pénétré. Est-ce un bien ? un mal ? C'est ainsi.

Les bruits du couloir sont devenus intolérables. Ils vous obligent à fournir un effort considérable pour vous maintenir dans la science. Vous les entendez malgré vous. Ils sont plus forts que votre capacité à vous aveugler. Vous êtes ailleurs. Une chasse d'eau retentit. C'est un bruit grave et persistant. Pénible. Vous ressentez une certaine pitié pour le physicien qui occupe la pièce la plus proche des cuvettes. Le biologiste près des douches n'est pas plus heureux. Ils deviennent fous. Toute leur attention se concentre sur ces bruits incongrus. Leurs nuits sont un cauchemar. D'innombrables clapotis viennent troubler leur sommeil. Pourtant, ils doivent dormir. Eux aussi ont des khôlles. Des examens. C'est pourquoi vous n'avez aucune raison de vous plaindre. Toutefois, les parties de ballon des apprentis commerciaux devant votre porte autour de minuit vous sont devenues insupportables. Vous allez finir par les tuer ! Vous ouvrez votre porte et affichez une mine laiteuse. Vous les priez de décamper et ils obtempèrent. Pour cette fois. Vous souriez à l'idée d'avoir pu vous focaliser sur un détail si futile. C'est ridicule. Ce sont ces vétilles qui métamorphosent une vie en prépa en véritable martyre. Comment supporter un environnement si hostile ? Votre année se joue dans les conditions de sa réalisation.

C'est pourquoi, ce matin, vous êtes resté au lit. À la tombée du jour, vous êtes retourné galoper avec les licornes. Le cauchemar est bien réel. Seul le rêve vous permet une fuite. Alors, vous vous laissez aller. Vous sombrez dans ses bras lascivement. Il vous reçoit fermement. La locomotive ne verra pas la vallée. Le train est resté pour toujours dans les hauteurs. C'est sûr, vous contemplerez votre crépuscule en altitude ! Vous sombrez. Vos camarades sont dans la salle 5 et prennent fébrilement des notes sur un ouvrage de Simmel. Vous voguez. Quels délices ! Vous êtes au volant d'une décapotable rouge. La vitesse vous enivre. Vous dévorez les routes de Toscane. Vous êtes libre ! Profitez-en. Tout à l'heure, il faudra qu'on vous réveille... Prenez les sens interdits ! Ici, pas d'amendes ! Pas de jugements. Vous pouvez tout. L'univers est purement fictif. Vos condisciples écoutent les envolées lyriques du professeur de philosophie. Pas vous. Vous dormez. Pas tout à fait seul. Une armée de chimères vous entraîne vers un astre noir. Mélancolie. Vous naviguez au-dessus du monde. Il vous semble que plus jamais vous ne redescendrez. Vous ne voulez pas vous lever. Est-ce trop tard ? trop tôt ? C'est ainsi.

Et revoilà le train qui pénètre dans ce tunnel sans fin.

Ce rêve revient. Il est sorti de sa torpeur factice. Vous délirez. Cette fois, vous percevez plus de détails. La chaleur qui s'évade de la cheminée. Le crissement des rails. La silhouette près des crêtes. Vous êtes presque mort. Pas tout à fait quand même. Vous exultez. L'humidité des neiges éternelles a gagné votre couche. Trop tard. Vous ne pouvez plus dormir. Vous grelottez dans le feu de votre couette. Vous passerez la journée au lit. Les hypokhâgneux se délectent des anecdotes de l'historienne. Vous soupirez. Vous n'êtes pas en cours. Quentin non plus. Il a déserté les salles de classe pour brûler des écrits. Il cherche un sens qui pourrait justifier son existence. L'a-t-il trouvé ? Vous ne savez pas. Vous dormez. Sans livres. Vous inspirez et vous délectez tout naturellement des restes de ce premier dé-lire.

Première déchirure

> « Il était impossible que cette affaire puisse se terminer avec succès. De telles choses ne se passent pas dans la vie réelle. »
>
> GEORGE ORWELL, *1984*

C'EST là où le bât blesse. Là où le tragique reprend sa place dans votre histoire. Là où vous doutez à nouveau de vivre dans un monde enchanté. Pourtant, depuis le concours blanc, votre place au sein de la classe a changé. Les professeurs voient en vous un possible lauréat. Leur attitude a été complètement révisée. Une attention particulière est portée à vos questions. Ils s'interrogent sur vos remarques. Ils vous saluent dans les couloirs. Peut-être augmenterez-vous les résultats du lycée au concours ? Dans le doute, on vous réserve un traitement particulier. Douceur. Encouragements. Félicitations. La grande majorité des élèves n'ont pas cette chance. Parias de l'hypokhâgne, ils sont tombés dans une situation de grande misère. La fracture gagne le groupe.

Certains professeurs aggravent la cassure pour stimuler le peloton de tête. Ils vantent les mérites des premiers et incitent les derniers à découvrir les fastes de l'université française. Les devoirs de géographie ont été rendus avec un commentaire grinçant : « J'ai mis la moyenne à deux élèves. Ce sont eux qui intégreront l'École normale supérieure. Que les autres se débrouillent pour rattraper le niveau, sinon ils n'ont aucune chance... » Ces mots résonnent encore dans la pièce. Heureusement, vous étiez dans la paire gagnante. Mais vous avez tremblé... La douleur vous attendait ailleurs. Vous n'avez pas cours cet après-midi. C'est mercredi. Deux khôlles, avec leur heure de préparation et leurs trente minutes de passage, ont pris place dans votre agenda avant le repas du soir. Vous débutez par l'oral de philosophie et finissez par celui de lettres.

Après le déjeuner, vous vous dirigez vers la salle des professeurs. Vous cherchez le casier du professeur de philosophie. C'est le 7. Vous l'ouvrez et saisissez l'enveloppe portant votre nom. Vous la déchirez. Quelle déception. Un seul sujet ! « La représentation. » Vous réfléchirez donc pendant une heure sur ce mot. Vous regagnez votre chambre en courant. Vous êtes en retard et il vous reste déjà moins d'une heure. Vous ne vous remémorez aucun ouvrage philosophique qui traite de ce sujet. Alors vous saisissez un stylo et griffonnez sur le brouillon tout ce qui vous passe par la tête. Dans « représentation », il y a

« présentation ». Cela ne vous avance pas beaucoup... Quels sont les différents sens de ce terme ? Vite, il vous faut trouver. Vous pensez tout d'abord à la peinture. Le peintre représente le monde. Il entretient un rapport particulier à ce qu'il dépeint. Quel est ce lien ? Il ne reste déjà que trois quarts d'heure.

Vous vous affolez. Vous êtes bloqué sur l'idée de la seconde présentation des choses. Mais cette perspective ignore la question du « symbole » qui permet cette opération. Vous tenez là un instrument, un concept. Mais ne vous limitez pas à la peinture. On parle également de représentation au théâtre. L'acteur établir une alliance particulière avec le public. Il montre le réel d'une certaine manière. Vous regardez votre montre. Trente-cinq minutes... Quelle horreur ! Vous n'y arriverez jamais. Il va falloir parler quinze minutes et vous n'avez toujours pas de problématique ! Vite ! Une idée. Vous vous décidez pour une ligne directrice pas trop alambiquée. Vous allez élucider le rapport particulier que la représentation établit avec le réel. Cela ne vous semble pas trop exécrable. De toute façon, vous n'avez plus le temps d'y réfléchir. Une demi-heure ! Vous devez trouver un plan. N'importe quoi... mais trois parties.

Vous apercevez une possibilité. Pourquoi pas ? Vous vous intéresserez d'abord à la présentation du monde, nécessaire à toute représentation. C'est boiteux, mais cela ira pour cette fois. L'artiste et le comédien figurent le monde qui leur est donné à penser. Quand vous représentez une chose, vous faites appel à une image fournie à votre conscience par la mémoire ou les sens. Elle s'est déjà dévoilée en vous. Vous parlerez ensuite du lien entre ce qui s'était présenté et ce qui est représenté. Vous êtes dépité de la médiocrité de vos propos. Mais vous n'avez plus le choix. Vous n'avez plus qu'un quart d'heure avant le passage et il vous manque une troisième partie. Vous avez mis de côté la représentation politique. Ce sera le dernier mouvement de votre exposé ! Un élu rend présents les citoyens qu'il représente, mais d'une autre manière que l'acteur. Cinq minutes seulement ! Vous devez écrire la conclusion. Soudain, un frisson parcourt votre échine. Vous transpirez : vous n'avez pas pensé à rédiger l'introduction. Quel amateur ! Vous griffonnez quelques lignes sur la première page de votre brouillon et achevez la dernière étape de ce sabotage en règle. Il est l'heure.

Il reste à traverser tout le lycée. Quand vous parvenez enfin dans la salle, l'examinatrice vous lance de son estrade un austère « Vous êtes en retard. » Cela s'engage pour le mieux... Vous vous asseyez. La créature au maquillage fluorescent pose sur vous ses yeux globuleux : « Alors, vous commencez ! » Vous vous exécutez, tremblant. Votre bouche est sèche et votre main moite. Vous n'écoutez pas le flot de paroles que vomissent vos lèvres. Vous êtes ailleurs.

Vous posez vos mains sur la table comme pour les discipliner. Vous essayez d'en reprendre le contrôle. Mais c'est une entreprise vaine. Vous vous affolez. Tout est perdu. Vos yeux parcourent fébrilement les brouillons.

Qu'ils se débrouillent tout seuls ! Vous vous êtes enfui loin des grimaces du simien qui écoute distraitement votre démonstration. La khôlleuse prend de temps à autre des notes, d'un air indigné. Vous vous en moquez. Vous vous promenez à des lieux de cette salle. Vous êtes aux tropiques. Vous vous noyez dans un fleuve de mots. Vous bafouillez. Une araignée traverse le bureau. La guenon s'en saisit brusquement, joue un instant avec la chose, puis l'écrase. Vous arrivez à votre conclusion. La khôlleuse affiche une moue expressive. Ouf, plus qu'une phrase... Ça y est, c'en est fini. Votre interlocutrice peut prendre la parole.

Pourtant, elle laisse flotter un vide significatif et vous observe. Ses boulets oculaires oppressent les vôtres. Elle veut savoir si vous soutiendrez son regard brillant. Mais vous ne baissez pas la tête. L'interrogatrice ne sortira pas victorieuse de cette joute symbolique. Elle ne prendra pas votre dignité. Elle s'énerve visiblement de la fermeté qui luit encore dans vos yeux. Elle ne se résout pas à lancer le moindre commentaire avant que vous ne les ayez détournés. Elle souhaite reprendre sa position d'autorité et ne connaît que trop bien la dialectique du maître et de l'esclave. Elle se tait. Le silence est pesant. Vous n'avez rien à lui dire. Vous n'avez jamais rien eu à lui dire. Vous retenez votre respiration. Vous rougissez. Elle est toujours embarrassée par l'ardeur de votre regard. Elle s'empourpre, de gêne ou de colère.

Enfin, elle lance : « C'est minable ! » Puis elle se tait à nouveau. Après quelques secondes, pendant lesquelles elle simulera la lecture de ses notes tout en cherchant à discerner l'effet de ses paroles sur votre petite personne, elle relèvera la tête. Vous attendez, impassible. Vous vous gardez bien de troubler ce silence. C'est tout ce qu'il vous reste ! Soudain, la jeune harpie entame un commentaire qui démontera l'ensemble de votre construction. Une seconde arachnide apparaît au bord du bureau. Va-t-elle arrêter son discours pour l'aplatir ? Non, c'est vous, l'araignée. Elle vous foule, vous broie et vous égruge. C'en est fini de vos rêves. Cela ne pouvait durer éternellement. La khôlleuse s'échauffe. Elle devient presque truculente. Jugeant cet élan incompatible avec son statut quasiment doctoral, elle sombre à nouveau dans sa froideur coutumière. Et elle conclut son explication sur l'absence totale de réflexion qui caractérise votre exposé. Elle vous décernera quand même 5 points, dans un élan de générosité.

Elle vous désigne d'un geste dédaigneux la porte. Vous vous dirigez tout penaud vers la sortie. Vous laissez la place au festin suivant. Le tigresse s'en lèche déjà les babines. Mais vous n'avez pas le temps d'y songer. Vous êtes en retard pour retirer votre sujet de lettres. Vous entamez une course dans le couloir. Vous dévalez les escaliers et avalez la cour. Vous voilà devant le casier du professeur de français. Vous l'ouvrez et saisissez le texte qui porte votre patronyme. Vous dépliez la feuille. Il s'agit d'un extrait d'une pièce de Beckett. Plus que cinquante-sept minutes avant la présentation orale. Vous parcourez le lycée en quelques interminables secondes.

Vous voilà revenu dans votre chambre. Vous avez soif. Vous accorderez-vous cette pause réparatrice ? L'eau coule dans tout votre corps. Vous revivez. Vous plongez à votre bureau. Quarante-neuf minutes.

Vous rédigez une explication linéaire du passage qui vous satisfait. Vous vous oubliez dans les mots. Vous ne savez plus qui vous êtes. Bientôt, il est l'heure d'affronter l'examinateur. Ce n'est autre que votre professeur de lettres en personne. Heureusement, la salle de passage est juste sous votre chambre. Vous vous y trouvez en un instant. Thibault en sort. L'enseignant vous accueille, cynique : « Tâchez de faire mieux que votre camarade... » Vous vous exécutez. Vous vivez le texte. Le vieil homme est ailleurs. Il ne vous écoute pas, ou feint du moins de ne vous prêter aucune attention. Vous vous en moquez. C'est peut-être une tactique didactique pour vous perturber. Vous poursuivez. Bientôt, vous avez épuisé vos vingt minutes de parole. Vous vous arrêtez. Le critique acerbe regarde sa montre. Il vous lance un laconique « Ça n'allait pas... 8 », et quelques commentaires. Vous quittez la salle. Que faire ? Aller vous coucher tout de suite ? Non ! Vous lutterez ! Rien n'est perdu ! Vous remontez à l'internat et déchirez le brouillon. Le papier craque sous la déchirure. Vos deux paumes sont maintenant encombrées de petits bouts de pages, sur lesquels on peut encore lire des mots insensés. D'un geste, vous vous en débarrassez. Les fragments se perdent dans les confins de la corbeille.

Après le repas, vous regagnez votre chambre, abattu. Quentin vous y attend. Vous avez rendez-vous pour plancher sur une dissertation d'histoire. L'enseignante a décidé de demander à ses élèves de travailler en binômes pour élaborer un plan détaillé. Elle entend ainsi encourager ses étudiants à étudier ensemble et renforcer la cohésion de la classe. Vous vous êtes naturellement associé à Quentin. C'est pourquoi, ce soir, vous le trouvez plongé dans un manuel sur l'Allemagne au milieu de votre chambre. Vous fermez la porte. Il lève la tête.

Vous avez déjà réfléchi à un plan, que vous avez réalisé au brouillon. On ne peut traiter de l'échec de la République de Weimar sans souligner les grandes césures que sont les dates clés qui annoncent sa chute. Vous avez ainsi construit trois parties contenant chacune trois sous-parties. La construction est solide. Vous y avez passé votre week-end. Vous présentez donc fièrement à Quentin le fruit de votre travail. Mais celui-ci a déjà sorti de son sac une feuille similaire. L'échange a lieu.

Vous pâlissez. Quentin a mis en place un découpage du sujet selon trois thèmes. En sus, sa problématique n'est pas tout à fait la même. Vous vous étiez pourtant mis d'accord... Il a dû se méprendre ou interpréter curieusement vos propos. Après tout, ce n'est pas si grave... Vous allez lui réexpliquer ce que vous entendez faire. Vous abordez cette entreprise avec toute la bonne volonté que vous a procurée une journée si piquante. Vous vantez les mérites du plan chronologique en histoire et défendez vos dates charnières. Le schéma de Quentin n'est pas viable. Il voile les évolutions, pourtant fondamentales pour une bonne compréhension de ce sujet. Vous développez toute une armée d'arguments. Quentin ne peut que se ranger derrière vous. Votre raisonnement est imparable. Toutefois, votre ami ne semble pas l'entendre de cette oreille. Il souligne le possible déséquilibre entre vos parties. Il expose les justifications d'une orientation thématique. Vous n'êtes pas d'accord.

Cependant, vous n'avez plus rien à ajouter pour la défense de votre travail. L'idée même d'avoir œuvré inutilement pendant deux jours de repos vous est insupportable. Vous ne pouvez céder. Il faut qu'il capitule. Vous regardez votre camarade. Il est habité de la même rage de convaincre. Il n'y a plus entre vous qu'un abîme d'arguties fallacieuses. Vous l'appréciez pourtant. Ses yeux conservent toujours leur charmante tristesse. Mais la recherche de la vérité, du juste, prime sur vos sentiments. Vous vous enflammez. Quentin doit se ranger à votre plan, car c'est le bon.

Vous ne pouvez pas accepter ses critiques, ce soir. Le jour entier vous a détruit. Alors, vous avez besoin d'une victoire. Elle est d'autant plus facile que votre ami va consentir. Il ne sait pas combien vous désirez son approbation. Vous êtes abattu. Et lui s'entête à défendre son travail. Il doit renoncer. Il ne peut en être autrement. Que ne soupçonnez-vous pas qu'il est dans une situation semblable ? Sans doute croule-t-il sous le travail. Ses parents lui ont encore écrit. Vraisemblablement, il doute de lui. Il ne peut vous concéder la moindre peccadille.

Mais cela, vous ne le devinez pas. Vous vous entêtez comme lui. Par amitié, il vous semble qu'il ne peut que fléchir. Tant d'heures gâchées, si vous cédez. Et vous êtes débordé... Non, c'est impossible. Vous collaborerez selon votre vue des choses ! Le ton monte. La possibilité d'un accord s'éloigne dangereusement ; vous le sentez. Que faire ? Il est trop tard pour faire marche arrière et vous devenez plus catégorique. Vous démolissez ouvertement l'esquisse de votre partenaire. En bon camarade, il fait de même. Il vous menace de continuer seul. Il fulmine. Méprisant, vous lui enjoignez d'écrire la composition selon sa propre conception. Il explose. Vous prophétisez une note désastreuse. Vous lui déclarez que vous rendrez votre travail séparément. Il se dirige vers la sortie. Après avoir brutalement claqué la porte, il lance du couloir un fratricide : « Tu es stupide, ou quoi ? » En fait, vous étiez stupides tous les deux.

Première carence

« L'odeur de vos soupirs nous parfume les vents. »

LAMARTINE

LE panneau de bois a claqué. Violemment. Vous éprouvez un déchirement presque physique et une envie de hurler, de crier. Quentin vient de refermer la porte sur votre amitié. Cruellement. Vous réalisez la bêtise de la situation. Vous auriez dû céder. Rien ne va plus. Vous chancelez. Nul être alentour pour vous soutenir. Vous n'êtes plus rien. Vous suffoquez. Cette journée vous a annihilé. Vous flottez dans le néant.

Où est le chat ? C'est lui, la solution. Du moins pour l'instant. Vous avez besoin de lui. Son calme intangible finit toujours par vous envahir. Ses ronronnements calment le stress. Son pelage vous ramène à la vie. Vos mains se perdent dans ses poils pendant des heures. Ses caresses vous apaisent. Dans les moments de trouble, il est le remède. À chaque fois, il pointe sur vous ses yeux ronds interrogateurs. Mais ce soir, le couloir est vide. Votre chambre aussi. On vous a abandonné. Cet animal thérapeutique rechigne à vous rejoindre en cette nuit agitée.

Isolement. Solitude. Désolation. Vous perdez pied. C'est fini. À quoi bon continuer ? Pourquoi ne pas abandonner cette folie ? Retourner chez vos parents et profiter de la vie. Vous en avez assez... L'armoire vous lance un sourire ironique. Vous n'êtes pas le premier qu'elle a vu défaillir. Son rictus vous froisse. Seriez-vous si faible ? Sa porte entrouverte forme un étrange triangle sur le sol sale de la pièce. La projection de la poignée sur le lino pointe ironiquement l'ouvrage de Nietzsche qui orne toujours votre étagère. Vous trouvez cette géométrie admirable. À force d'efforts, vous reprenez pied. À côté du premier livre se tient Gide et ses *Nourritures terrestres*. Vous redescendez. Le collet se desserre peu à peu... Vous vous décrochez.

Un réflexe ancien a resurgi en vous. Et si vous appeliez vos parents ? Vous abandonnez l'armoire branlante, descendez dans la cour et vous dirigez vers la cabine téléphonique. Peut-être votre mère a-t-elle raison ? Il n'est pas normal de se cloîtrer ainsi au milieu des livres, même si c'est la condition du succès. Votre père ne comprend pas que vos enseignants puissent vous en demander tant. Pourquoi faites-vous tout ce qu'ils exigent ? Vous parvenez dans la cour. Le téléphone est bien là, sous l'obscurité des platanes. Vous tirez la porte rouillée et pénétrez dans la cage métallique. Vous saisissez le combiné et composez le numéro familial. Une sonnerie retentit. Quelqu'un va répondre, c'est certain ! Une deuxième résonne. Personne. Un troisième appel tinte dans le vide. Ni votre mère, ni votre père ne répondent. Vous êtes seul. Au milieu de cette cour sombre d'un lycée IIIe République. Glauque.

Tous ces absents vous refusent leur médecine. S'ils savaient comme vous en avez besoin en ce moment ! Pourtant, il faut que la blessure cautérise. Seul, y arriverez-vous ? Probablement... Cette dispute est d'autant plus insupportable que vous devinez qu'elle va durer. Après tout, il était peut-être naturel que vous preniez vos distances avec ce jeune homme ? Si vous aviez eu vos parents au téléphone, que leur auriez-vous dit ? Vous n'en avez aucune idée. Et vous franchissez peu à peu le dernier pas qui vous éloigne de l'enfance. Que faire ? Regagner votre chambre ? Vous hésitez. L'idée même de vous plonger à nouveau dans ce devoir d'histoire est insoutenable. Vous avez envie de pleurer. Mais vous n'aurez jamais assez de larmes. Alors, que pouvez-vous accomplir dans les heures qui vous séparent du jour ?

Une ombre apparaît au bout du couloir. Elle longe le patio et avance dans votre direction. Elle devient plus distincte. C'est un homme. Devez-vous fuir ? vous dissimuler dans l'opacité des arbres ? Le spectre doit se diriger vers l'entrée de l'internat. Il oblique effectivement vers le porche. Mais soudain il se détourne et charge droit sur vous. Vous tremblez. La clarté des astres vous a trahi. C'est bien vers vous que convergent ses pas. Vous frémissez. Que vous veut-il ? Et pourtant, plus il approche, plus la silhouette se révèle familière. Bientôt, son visage cadavérique vous apparaît. C'est Thibault.

Il est parti chevaucher des licornes toute la nuit. Il a rêvé un moment que ce monde était enchanté. Il a erré avec des esprits dans les ruelles de la cité. Il a méprisé pour quelques instants sa condition de prisonnier. Il a oublié son humanité. Mais le voilà qui revient faire bonne figure devant la réalité et il se tient face à vous. Il vous observe. Que faites-vous à cette heure dans la cour ? Il doit se dire que vous vous posez la même question. Il s'explique et s'inquiète de votre moral. Vous avez les yeux rouges. Vous offrez un visage égaré. Il voudrait vous aider, mais il ne sait comment faire. Thibault considère votre désespoir d'un sourire ambigu. Il vous regarde, silencieux. Vous pourriez oublier sa présence. Mais il vous ennuie. Il faut qu'il s'en aille. Vous préférez rester seul. Il vous quitte et reprend sa marche le long du patio. Il disparaît bientôt dans l'escalier. Vous vous appuyez contre le platane.

Vous aussi aspirez à une cavalcade à l'extérieur du lycée. Vous franchissez non sans difficulté le mur qui vous sépare de la liberté. Votre pantalon en est tout taché. Vous voilà dans la rue, face au château de la bourgade. Vous vous retournez et plongez dans la ville. Vous marchez dans les rues en ne pensant à rien. Car il n'est rien. Il n'a jamais rien représenté à vos yeux. Peut-être vous fallait-il d'une manière ou d'une autre lui échapper ? Quelque chose en vous refusait la pente sur laquelle vous vous laissiez glisser. Votre amitié était sans doute condamnée d'avance. Vous en négligiez vos devoirs. Toutefois, tout en vous crie que l'Allemagne n'est pas un motif valable pour une déchirure.

Vous maudissez l'histoire et cette enseignante qui vous ont ôté votre ami. Comment allez-vous survivre sans son soutien ? Vous l'avez poussé hors de votre chambre. Vous êtes responsable de ce qui arrive. Vous vous abhorrez. Comment êtes-vous parvenu à créer votre propre malheur ? Vous n'avez pu éviter la chute. Et vous vouliez tomber vers le haut ! Une averse vous a ramené sur terre. Alors vous sillonnez les avenues bordées d'arbres qui entourent le lycée. Vous marchez, si et seulement seul.

Vous avez déclenché votre propre infortune. Alors vous vous souvenez du tragique. Vous ne l'avez pas vaincu. Le héros croit toujours être le maître de son destin et provoque lui-même sa perte. Le tragique est toujours victorieux des arrogances des hommes. Œdipe de la science, vous voulez vous crever les yeux, histoire de devenir plus voyant. C'est quand vous n'êtes plus rien que vous devenez vraiment un homme.

Vous reprenez le dessus. Vous n'y êtes que pour peu de chose. Cela devait arriver. Vos questions répétées le lassaient. Ses silences vous pesaient. Comment surmonter les défauts d'autrui, quand on ne parvient pas à souffrir les siens ? Vous n'êtes pas assez mature pour assumer de tels chocs. S'il n'a rien concédé, c'est que Quentin n'attachait pas de prix à votre amitié. Tant pis pour lui. Et pour vous. Il est tard et la torpeur commence à monter en vous. Mais vous ne retournerez pas dans votre chambre. Vous seriez capable de céder et d'aller voir Quentin. Vous parcourez les trottoirs déserts. Parfois des chats sautent des poubelles en poussant de petits cris stridents. Votre passage les dérange dans leurs délices nocturnes. Au loin, vous percevez les rumeurs d'une bagarre féline. Deux mâles convoitent les mêmes charmes. Un chien aboie au bout de la rue. Une lumière s'allume. Il a réveillé ses maîtres. Puis c'est le calme absolu.

Vous suivez vos intuitions. Mais elles ne savent pas où vous mener. Des questions vous terrassent. Qui êtes-vous vraiment ? Les maisons bourgeoises qui ornent la chaussée sont impassibles. Leurs façades grisâtres évoquent les murs de votre chambre. Dans leur jeunesse, elles devaient briller d'une clarté crayeuse. Aujourd'hui, elles n'expriment plus que la fuite du temps qui les a enlaidies. Vous en êtes prisonnier. Cette ville est votre chambre, un cachot en plus grand. Les grilles qui bordent le trottoir se veulent menaçantes. Vous êtes enfermé à l'extérieur. C'est si vaste, le monde ! Où pouvez-vous aller ? Que faire ? Vous errez. Si et seulement seul.

Vous vous demandez où vos pas vont vous conduire. Il reste près de deux heures avant le lever du soleil et vous n'avez toujours pas croisé de licornes. Votre univers est bien réel et manque de poésie. Vous marchez, guettant le moindre signe d'un imaginaire qui n'existe pas. Aucun elfe ne hante cette forêt de béton. Aucune créature malicieuse ne daigne se dévoiler à vous. Peu à peu, vos souliers vous ont ramené devant le portail de l'illustre établissement. Il est fermé. À clé. Vous escaladez le mur, puis vous vous laissez retomber de l'autre côté. Vous rejoignez le patio et longez les murs de briques. Vous parvenez dans la cour. Personne sous les platanes. Tant mieux... Vous gravissez les marches jusqu'au deuxième étage et entrez dans le couloir de l'internat. Pas de lumière sous la porte de Quentin. Il dort. Vous tournez précautionneusement la clé dentelée dans la serrure et pénétrez dans votre chambre.

Vous vous laissez tomber sur votre lit. Vous profitez de ces secondes de répit. Vous êtes fatigué. L'heure tardive vous écrase. La tête vous en tourne presque. L'anémie vous guette. Vous avez faim. Ou plutôt non. C'est quelque chose de bien particulier qui vous manque. Vous vous saisissez d'un carré de chocolat que vous avalez rapidement. La pâte fond dans votre bouche. Un gémissement de satisfaction vous échappe. Vous avez toujours eu un goût particulier pour le cacao. Mais déjà, l'internat s'anime. Il est l'heure d'aller en cours.

Premier emprunt

« Un livre est un grand cimetière où sur la plupart des tombes on ne peut plus lire les noms effacés. »

MARCEL PROUST, *Le Temps retrouvé*

LE budget de l'élève de classe préparatoire est absorbé par la consommation d'un seul et même objet : le livre. Qu'il s'agisse d'ouvrages de philosophie, de manuels de mathématiques ou de recueils de fiches d'économie, l'étudiant studieux se précipite en fin de semaine dans les locaux jaunes de la place Saint-Michel. Là, il retrouve tous ses camarades, dispersés dans les différents rayons de la librairie.

Chacun cherche les bouquins introuvables qui figurent sur les bibliographies hebdomadaires. Il en reste sûrement un exemplaire dans un coin du magasin ! Il suffit de le trouver avant les autres. Vous devez donc rivaliser d'ingéniosité. Ceux qui se lèvent le plus tôt le samedi matin sont les premiers servis. Mais vous avez sommeil et vous y avez renoncé. Vous vous décidez toujours en début d'après-midi. C'est justement l'heure que choisissent les élèves des lycées concurrents pour remplir leurs bibliothèques. Vous avez sympathisé avec les jeunes gens qui travaillent dans le magasin. Eux savent où sont cachées les œuvres tant désirées. En l'espace d'une seconde, ils sortent d'une étagère le précieux volume. Ou alors ils disparaissent derrière leur ordinateur, puis s'enfuient à l'autre bout de l'étage. Ils reviennent en un éclair en arborant l'objet de vos désirs. Pourtant, il arrive parfois que vous vous heurtiez à une réponse négative. Il faudra attendre la semaine prochaine. Le vendeur vous assure qu'il en a commandé. Vous repartez déçu. Votre portefeuille en est soulagé.

Les dépenses indispensables sont considérables. Heureusement que vos parents peuvent y pourvoir ! Comment feriez-vous, sinon ? Le livre est la matière première de votre travail. Alors vous achetez. Vous consommez. Il sera toujours temps de récupérer une partie de votre investissement en revendant les ouvrages inutiles aux hypokhâgneux naïfs de l'année prochaine. Le jour de la rentrée, vous serez devant la porte de la salle 5 après le discours du professeur d'histoire. Vous vanterez les mérites des auteurs imbéciles. Vous rapporterez les invendus place Saint-Michel, où on vous les reprendra de mauvaise grâce pour une bouchée de pain.

Il existe pourtant une solution plus économique. Il suffirait de vous rendre à la bibliothèque. C'est un bâtiment à l'écart du lycée. Il faut traverser la cour et une partie du parc de l'école. Il est dans le même ton que les autres édifices, en petites briques rosées, avec de-ci, de-là, quelques briques vertes qui découpent la façade. L'infirmerie se tient au premier étage de l'édifice. Tard dans la nuit, une lumière brille au second : c'est l'infirmière qui veille.

Un chemin recouvert de gravillons légèrement cendrés vous mène jusqu'à l'entrée. La porte, ancienne, est lourde. Vous devez appuyer tout votre poids contre le battant pour qu'il se meuve. Vous entrez alors dans un hall dont les murs sont recouverts d'armoires ancestrales emplies de revues centenaires et fermées par de solides serrures. Personne ne les ouvre, jamais. Mais cela contribue au prestige de l'établissement. Le sol de la pièce est couvert de dalles froides qui ouvrent sur l'escalier. À son sommet, on entend les toux des malades qui suffoquent. Au fond de cette salle singulière, sur la gauche, sont dissimulées deux portes. La première permet d'accéder à une salle de lecture laissée sans surveillance. Un écriteau signale qu'elle est réservée aux élèves des classes préparatoires mais les lycéens viennent y fumer du cannabis en cachette.

Le second passage débouche sur la bibliothèque. Il s'agit d'une grande salle sombre. Quelque chose frappe immédiatement : aucun livre, nulle étagère portant des œuvres inestimables ne parent la pièce. Vous venez pourtant de pénétrer dans une des bibliothèques les plus réputées de la région parisienne. Ses fonds feraient pâlir les établissements les plus prestigieux de la capitale. Elle est le joyau de l'école. Le visiteur ne découvre néanmoins aucun de ces trésors. Des rangées de tables de bois sont disposées, parallèles, dans tout l'espace disponible. En son centre, sur le mur du fond, une ouverture a été percée. On perçoit dans la pénombre quelques reliures chamarrées. Mais un large bureau obstrue l'entrée de la galerie. Une vieille femme à l'air nonchalant se tient derrière. Vous ne passerez pas.

Une distance de sécurité sera toujours maintenue entre les irremplaçables manuscrits et vous. À quoi bon les laisser entre les mains d'étudiants trop peu précautionneux ! Les pages pourraient être arrachées ! Les couvertures finiraient par être détériorées ! Les volumes risqueraient d'être abîmés ! Par conséquent, personne ne les lira plus. Ou presque.

Il reste toutefois les livres les plus récents, qui figurent sur les catalogues en quantité honorable. Et les ouvrages dont vous avez besoin s'y trouvent toujours. Vous pouvez les consulter sur place, juste le temps de vous convaincre de leur utilité. Vous vous dirigez alors vers la vieille femme accoudée à son bureau. Elle est plongée dans un magazine et elle vous lance des yeux agacés quand vous la dérangez poliment. Vous souhaitez emprunter un ouvrage. C'est la première fois. Elle vous tend donc un formulaire. Vous devez fournir une photographie et un chèque de vingt euros. Heureusement, vous avez anticipé l'obstacle. Vous exhibez fièrement votre chéquier. Ce n'est l'affaire que de cinq minutes et vous avez enfin le droit d'emprunter le livre. La femme aux cheveux blancs vous tend une main bienveillante. Vous lui donnez le volume. Elle en retire une fiche en bristol sur laquelle elle inscrit votre nom. Elle vous informe que vous devez rendre l'ouvrage au retour du week-end. Vous pouvez emprunter trois livres pour trois jours. C'est la règle dans cette institution. Vous en êtes surpris : comment lire une œuvre de six cents pages en soixante-douze heures ? Cela semble impossible ! D'autant que vous devez aussi vous pencher sur des exercices de mathématiques et sur une dissertation de lettres. Vous lui rendez l'objet et quittez les lieux.

Dans ces conditions, à quoi bon emprunter ? Plus personne n'y songe et la vieille demoiselle peut se plonger des journées entières dans des revues imbéciles sans être dérangée. Enfin, ce n'est pas tout à fait vrai. Les lieux chauffés étant rares dans le lycée, la bibliothèque est toujours peuplée d'étudiants studieux. De temps à autre, l'un d'eux relève la tête et glisse un mot à l'oreille de son voisin. La sentinelle, perturbée dans la réalisation des tests de ses magazines féminins, pousse un grognement hostile. Le silence se fait à nouveau. Elle se replonge dans sa revue. Ces grommellements réguliers cadencent sa journée de travail. Mais là n'est pas sa principale tâche.

La bibliothèque, bâtisse à l'écart des autres corps de bâtiment, se trouve donc éloignée de toutes les commodités. Quand un étudiant, voguant entre les lignes d'un auteur illustre, ressent soudain le besoin pressant de se soulager d'une obligation pénible, il se voit confronté à une alternative délicate. Soit il décide de traverser la cour du lycée pour rejoindre les vespasiennes les plus proches. Mais ses muscles sont engourdis par tant d'intellectuels efforts. De plus, dehors, il pleut souvent. Soit il songe à profiter des toilettes de la bibliothèque. Car l'édifice possède bien ce précieux refuge. Mais la porte en est fermée par une imposante serrure. Et vous ne savez que trop bien qui en garde la clé…

Le pauvre garçon, contraint par la nécessité, se lève donc de sa chaise et se dirige timidement vers le bureau de la bibliothécaire. Il doit attirer son attention par un toussotement insistant pour qu'elle lève la tête. Elle le contemple alors hostilement. Il rougit et elle devine la cause de sa démarche. L'élève mendie mielleusement la clé des sanitaires. Elle ne peut lui refuser. Elle se contente de répondre de manière à ce que toute la salle entende : « Les toilettes ? Oui, tout de suite. » Elle lui tend l'objet vital et l'étudiant disparaît dans le couloir. Il reparaîtra quelques instants plus tard pour remettre la clé à sa dépositaire. Gardienne du temple du savoir, la pauvre femme a été métamorphosée par une circulaire de l'administration en cerbère des latrines. Vous avez un peu honte de lui faire de telles requêtes. Vous préférez finalement le froid de la cour et la boue du parc qui y mène. Vous ne comprenez pas ce qui a pu amener le proviseur à donner cette nouvelle attribution à la bibliothécaire. Vous en êtes bien embêté. La vieille fonctionnaire aussi.

C'est pourquoi vous ne vous rendez plus à la bibliothèque. Vous renoncez à tout emprunt et pourtant vous

vous plongez dans les livres que vous ont prêtés vos camarades le temps d'une semaine. L'étagère qui surplombe votre écritoire est un mélange multicolore d'arêtes de toutes sortes. Là, un traité de philosophie de cinq cents pages. D'un côté, une publication économique. De l'autre, un recueil de Baudelaire. Vous vous emparez du roman de Gide qui se situe au milieu de la planche. Et si vous vous évadiez pour quelques heures ? Vous vous immergez dans les mets profanes auxquels l'écrivain vous invite.

Vous vous perdez dans ces phrases, car ces mots sont les vôtres. Quand vous doutez qu'il y ait un sens, ce qui vous arrive fréquemment, vous priez Gide de vous secourir. Il parvient à chaque fois à vous faire sentir les parfums du désert et les extases qu'on ne peut soupçonner sans les avoir goûtées. Vous reprenez goût à la vie. La précieuse liqueur parcourt vos veines. Gide poursuit son enseignement : « Tu ne sauras jamais les efforts qu'il nous a fallu faire pour nous intéresser à la vie ; mais maintenant qu'elle nous intéresse, ce sera comme toute chose – passionnément. » Nathanaël écoute. Il prend des notes et recopie scrupuleusement les enseignements du sage. Vous ne savez plus au final qui vous êtes vraiment, ni ce que vous êtes. Vous êtes Nathanaël et Gide vous enchante. « Nathanaël, j'aimerais te donner une joie que ne t'aurait donnée encore aucun autre. Je ne sais comment te la donner et pourtant, cette joie, je la possède. Je voudrais m'adresser à toi plus intimement que ne l'a fait encore aucun autre. Je voudrais arriver à cette heure de la nuit où tu auras successivement ouvert puis fermé bien des livres cherchant dans chacun d'eux plus qu'il ne t'avait encore révélé ; où tu attends encore ; où ta ferveur va devenir tristesse, de ne pas se sentir soutenue. Je n'écris que pour toi ; je ne t'écris que pour ces heures. Je voudrais écrire tel livre d'où toute pensée, toute émotion personnelle te semblât absente, où tu croirais ne voir que la projection de ta propre ferveur. Je voudrais m'approcher de toi et que tu m'*aimes*. » Vous pleurez. Décidément, ces mots sont bien les vôtres. Du moins vous aimeriez qu'ils le soient. Vous quittez votre bureau et vous allongez sur votre lit.

Vous aimez ce livre. C'est certain. Mais comment oser un tel aveu ? Peut-on aimer un livre ? Vous poursuivez votre lecture et cueillez tout ce que l'auteur daigne partager avec vous. Chaque seconde est précieuse. Vous la savourez. Vos lèvres goûtent chaque ligne et en gardent la saveur pour quelques instants. Vous les posez en divers endroits de la page. Vous l'aimez des deux côtés. Les paroles de Gide ont un effet magique sur vous. Tous ces écrits vous captivent. Leur musique est belle comme le chant d'une poésie allemande.

Vous lisez et vous vous écoutez écrire. Vous le sentez bien. Comment être dupe d'une telle mystification ? C'est vous qui parlez. Mais comment pourriez-vous vous refuser ce plaisir ? Il est bon de mélanger sa langue à celle d'un autre. Vos paroles sont celles de l'écrivain. Vous vous abandonnez à lui. Et pourtant... Dehors, la nuit est tombée. Il faut travailler. Vous quittez *Les Nourritures terrestres*. Vous ouvrez un manuel de micro-économie et débutez votre soirée dans l'allégresse. Une partie de votre esprit est restée avec Gide et erre dans les bosquets de la colline de Fiesole.

Vos yeux observent les fonctions de production Cobb-Douglas. Pour obtenir l'optimum, vous dérivez la fonction par rapport à chacune de ses variables et vous vous empressez d'annuler l'expression. Vous tracez la droite d'isoprofit. Cela vous lasse. Ces exercices n'ont vraiment rien d'exaltant. C'est même très ennuyeux. Mais, samedi prochain, vous avez une dissertation d'économie. Il faudra tracer des courbes et insérer dans votre texte des formules obscures. Et vous n'êtes pas prêt. Une fois de plus, l'heure tardive vous sert de prétexte. Il reste encore quatre jours avant l'épreuve. Vous abandonnez l'économie. Vous jetez le manuel sur le sol.

Vous êtes allongé sur votre lit. Plus rien ne compte. Vous laissez Gide revenir à vous. Mais il est déjà en vous. Sa morsure a été douce : elle a laissé s'insinuer en vous des idée auxquelles vous n'aviez jamais songé... Comment a fait cet homme pour vous marquer du sceau de sa plume ? L'encre vous colle aux doigts. Il n'est plus temps de pleurer. Il faut agir ! Et vite ! Il n'est plus l'heure de rebrousser chemin. Vous devez assumer vos choix et continuer. Vous ne tremblez plus à l'idée d'avancer. Comment ce défunt est-il parvenu à vous troubler si profondément ? Comment des mots si simples peuvent-ils être si puissants ? Pourquoi Gide a-t-il cette force qui vous manque ? Pourquoi Nathanaël écoute-t-il si sagement les mots de son ami ? Pourquoi vous sentez-vous si démuni face à lui ? Vous souriez... Pourquoi ? Parce que, eux...

Premiers cafards

« Je vous écris en cours de chute. »

RENÉ CHAR

VOUS auriez tant voulu être beau. Pouvoir contempler votre petite personne dans un miroir pendant des heures et être convaincu de l'éclat de votre sourire. Vous satisfaire de la mèche qui tombe sur le côté gauche de votre visage et aplatir définitivement la courte hélice rebelle qui vous agace. Vous lever et percevoir sur le mur l'ombre de votre silhouette élancée. Parcourir les rues et happer les yeux des passants. Marcher et surprendre le regard captif d'une jeune fille. Être une provocation et une tentation pour vos semblables. Comme cela aurait été doux !

Au lieu de cela, vous êtes un homme comme les autres. Votre corps est commun. Et cette normalité vous étouffe. La psyché qui orne la salle de bains de vos parents a toujours souligné vos membres trapus et appuyé les critiques que vous vous adressiez. Elle laissait apparaître vos cheveux bouclés indomptables. Votre nez courbé. Vos yeux sombres. Quel désastre ! Vous pourriez, des heures durant, faire la liste de tout ce que vous détestez en vous. Vous ne serez jamais beau. Vous n'aurez jamais ce pouvoir atavique qui dispense de tout génie et de tout labeur. Vous êtes quelconque... Pas tout à fait, quand même. On vous dit mignon. C'est votre chance. Tout le monde n'est pas mignon. Mais mignon n'est pas beau. Et vous auriez tant voulu être beau ! C'est désespéré. Vous ne pouvez rien y faire. Quelques centimètres vous manquent, sans doute, vous trouverez autre chose.

Vous vous êtes levé à sept heures, comme tous les jours. Vous passez devant la glace accrochée au-dessus du lavabo qui se tient entre la fenêtre et l'armoire. Des boucles vous donnent un air gauche. Vous vous détestez, ce matin encore. Peut-être même plus que jamais. Vous avez mal dormi et les marques de votre oreiller déchirent votre visage. Des cernes murent vos yeux. Vous devez vous extraire de votre chambre. Travailler, c'est votre seule chance de marquer votre différence. Il vous faut sortir du lot. Vous descendez prendre un petit déjeuner réparateur.

Vous poussez la porte et pénétrez dans le réfectoire. Vous saisissez un plateau. Une cuillère. Un couteau. Un verre. Ce verre qui est le même dans toutes les cantines de France et qui se brise au troisième rebond. Vous posez le plateau sur la rampe et commencez le remplissage.

Vous prenez un fruit. Une banane, comme chaque matin. Vous empoignez un bol de céréales. Vous atteignez un yaourt. Il n'est pas sucré. Dommage. Il faut maintenant choisir la confiture. Fraise ? Abricot ? Groseille ? Vous attrapez un petit beurre. Sans vous en rendre compte, vous arrivez au bout de la chaîne. Apparaît alors le panier en osier qui contient les croissants. Encore un jour faste ! Ils sont légèrement dorés. Appétissants. Vous harponnez la viennoiserie avec satisfaction. Vous happez la chose et votre geste s'arrête soudain. Une forme inhabituelle se trouve là, en dessous. Une protubérance un peu dure, et humide. Circonspect, vous retournez le croissant. C'est une tache noire. Un insecte. Mort. Un cafard !

Vous poussez un petit cri. Vous lâchez le tout dans la corbeille. La dame de service accourt. Elle vous lance un regard réprobateur. Vous l'avez dérangée dans sa léthargie matinale. Vous êtes dégoûté par la bestiole. Vous la désignez. La vieille femme vous lance un sourire maternel : « Ah ! C'est juste un cafard ! » Juste un cafard ? Mais que vient faire cet animal sur votre croissant ? Juste sur votre croissant. Quel scandale !

Elle vous en propose un autre, puis se saisit de l'objet incriminé, retire l'insecte et repose le croissant dans la corbeille. Vous vous dirigez vers la première table, écœuré. L'image du cafard vous oppresse à en vomir. Vous sentez encore la caresse glaciale de sa carapace. Vos camarades arrivent et s'asseyent à votre table. Vous ne soufflez mot. Vous les regardez manger leurs viennoiseries en souriant. S'ils savaient... À chaque bouchée, vous

vous demandez s'ils ne vont pas tomber sur la bestiole. Vous les observez. Ne perçoivent-ils pas un léger goût inédit ? Un croquant sous la langue ? Aucun ne tique. Dommage... Vous les contemplez dévorant leurs victuailles. S'ils savaient que les cuisines sont infestées de vermine, ils seraient moins voraces. Vous leur relaterez tout à l'heure votre expérience. C'est encore trop tôt. Ce serait gâcher le plaisir.

Quentin surgit. Une fois de plus, il a failli arriver trop tard. Il paraît troublé. Il reste une seule place à votre droite. Il hésite. Car, aussi stupide que cela puisse paraître, il ne vous a pas dit un mot depuis votre altercation. Finalement, il se décide à s'asseoir à votre table. Il n'a visiblement pas envie de manger seul. Il ne vous salue pas et ne tournera pas la tête vers vous du repas. Vous lui en voulez terriblement. Si vous n'avez pas échangé une phrase depuis cette soirée terrible, des rumeurs vous ont appris que votre ancien ami lançait des moqueries sur votre compte. Vous ne ferez pas le premier pas. D'ailleurs, Quentin vous évite. Alors, vous faites de même. C'est périlleux puisque sa chambre est en face de la vôtre et que vous hantez la même salle de cours toute la journée. Votre conduite frise le ridicule. Mais comment lui pardonner ? Lui que vous preniez pour votre meilleur ami ! Il vous ignore. Il semble avoir gommé jusqu'à la perception de votre existence. Vous aviez pourtant été si proches. Après tant, comment se contenter de si peu ?

Le second concours blanc approche et son soutien vous manque. Il vous poussait à être meilleur. Comment faire tout seul ? Vous avez délaissé vos parents, leur assistance ne suffit plus à votre équilibre. Ils ne comprennent pas ce que vous vivez. L'aide à laquelle vous aspirez est ailleurs. Vous ne saisissez pas bien ce qui vous arrive. Tant de choses troubles vous étouffent. Quentin mange son croissant à côté de vous. Vous sentez son souffle. Sa respiration. Et pourtant, vous ne pouvez lui parler. Vous êtes trop fier pour céder. Lui aussi. Toutefois, vous voilà sur le point de transiger. C'est trop bête. Au fond, votre amitié n'est que travestie. Vous la dissimulez par orgueil. Elle n'est pas pour autant amoindrie. Quentin reste à vos yeux ce brillant camarade que vous estimez. Oui, il vous faut capituler. Mais que lui dire ? Vous ne trouvez pas les mots. Il va se moquer. Ou affecter de ne pas entendre et ne pas répondre. Vous allez être blessé. Oui, il va vous meurtrir. Cependant, vous ne pouvez résister. La sympathie que vous lui portez renaît en vous. Il faut que vous lui adressiez la parole. Une telle brouille pour une petite dispute autour d'un simple devoir d'histoire, c'est idiot ! Cela ne peut pas durer ! Vous êtes sur le point de lui lancer quelque plaisanterie, quand il se lève brusquement et rejoint la sortie du réfectoire.

Vous êtes soulagé. En même temps, vous ressentez comme une frustration. Vous auriez pu enjamber l'abîme qui vous sépare désormais. Mais ce geste aurait été un acte de faiblesse. Vous y auriez perdu votre dignité. Autrefois, quand votre mère voulait vous faire manger votre assiette d'épinards, vous pouviez rester des heures, seul dans la salle à manger, devant l'assiette froide. Ce n'est qu'en fin d'après-midi que le pouvoir maternel transigeait et retirait le plat intact à l'enfant victorieux. Vous ne savez pas reculer. Vous auriez l'impression de trahir votre noblesse de caractère. Vous ne céderez jamais. Quentin non plus. Et c'est ce que vous admirez en lui. Vous vous sentez presque honteux d'avoir pu flancher. Cette défaillance est inacceptable. Cela ne vous arrivera plus. Vous garderez vos distances, fussent-elles absurdes.

Vos camarades s'attardent à table. Vous les écoutez distraitement. Ils discutent de leurs angoisses quant au passage en khâgne. La fin de l'année est en ligne de mire. Il reste deux mois. Les semaines ont passé extrêmement vite. Quand vous regardez un calendrier, il vous semble que quelque chose de magique est survenu. Un sort vous a été jeté : comment pouvez-vous déjà être au seuil du mois d'avril ? Vous avez étudié, appris et changé. Beaucoup. Vous avez passé le seuil de l'adolescence. L'enfance est définitivement derrière vous. Vous frappez à la porte de la maturité. Vous en tremblez quand vous tournez la poignée. Un grincement se fait entendre et vous entrez.

Toutefois, il est des jours de découragement où vous doutez de tout. Le second concours blanc est proche. Il conclura votre année scolaire. Au retour des vacances de Pâques, vous subirez à nouveau les sept épreuves. Ce sera le dernier effort avant les congés d'été. Mais auparavant, vous devez à nouveau faire vos preuves. L'ambition n'est dorénavant plus la même. Il s'agit de conserver votre statut. Votre copie d'histoire doit demeurer la meilleure. Dans ce but, vous vous plongez nuit et jour dans des manuels. Vous ne serez jamais au point d'ici trois semaines ! D'autant plus que vous souhaitez limiter les dégâts en mathématiques et que vous avez entrepris de reprendre les bases. Et l'allemand ? Et les sciences sociales ? Vous devrez maîtriser les théories des classes sociales de Karl Marx à Pierre Bourdieu en passant par Max Weber. Cela doit être faisable. La philosophie vous inquiète plus. Vous n'aurez pas le temps de lire d'ouvrages. Pareil pour les lettres. Vous vous débrouillerez sans. Et pour la géographie, comment allez-vous accomplir un tel périple ? L'interrogation portera sur les littoraux français. Du delta du Rhône au tombolo des Sablettes, vous saurez tout décrire et expliquer.

Tous vos camarades s'agitent. Une effervescence a gagné le groupe. Tout va se jouer pendant ces épreuves. Peu d'élèves sont assurés de leur passage en khâgne. Cette élite se veut discrète pour détourner les foudres de ses condisciples perdus. Heureusement, vous appartenez à cette caste de privilégiés. Parfois, pour vous rassurer, vous vous imaginez dans la peau d'un de vos amis. Par pur sadisme.

Benoît réduit au silence quiconque aborde le sujet du concours blanc. Déjà de nature anxieuse, il ne vit plus depuis quelques semaines. Il ne dort plus. Il révise. Il répète mécaniquement qu'il ne sera pas accepté en khâgne. Il scande nerveusement les raisons de son échec : il se couche trop tôt, il lui est arrivé de ne pas travailler le dimanche. Sa lenteur l'exaspère. Il se juge trop mauvais pour avoir le moindre espoir. Pourtant, au fond de lui, une voix le pousse à préparer ces épreuves.

Vous vous égarez toute la journée dans des réflexions stériles. Votre malaise est persistant, mais vous n'avez pas le droit de vous plaindre. Que penseraient vos condisciples ? Alors, votre abattement se renforce. Vous avez trop de travail. Il va falloir sacrifier les deux semaines de vacances à venir et cela vous rend malade. Vous êtes visiblement surmené. Faiblesse. Fatigue. Folie. Vos nerfs sont à vif. Vous avez envie de fondre en larmes sans savoir pourquoi. À trois heures et demie, un événement fortuit vous apporte le salut : le professeur de lettres est absent. N'y tenant plus, vous sautez dans le RER et gagnez Paris.

L'après-midi est déjà bien avancé quand vous débouchez sur les rives de la Seine. Vous étouffez en vous la voix coupable qui vous rappelle le travail resté en suspens sur votre bureau. Vous vous abandonnez au tumulte du fleuve. Assis sur le bord du pont Mirabeau, poussé par la clameur du poète, vous observez le flux sale qui s'engouffre sous la construction de pierre. Vous pourriez rester là des heures, à regarder flotter les détritus et les branches mortes, puis les voir soudain s'engouffrer dans l'opacité des flots, pour réapparaître quelques instants à la surface, avant de disparaître définitivement sous le pont. De temps à autre, vous relevez la tête et regardez au loin. Une moto rugit. Un conducteur fatigué s'excite sur son klaxon. Un pigeon s'est approché de vous dans l'espoir de quelques miettes. Vous considérez, circonspect, cet élément perturbateur. Rien ne se passe. Le calme assourdissant retombe sur la rue. Vous sombrez à nouveau vers l'abysse.

Vous êtes fasciné par la noirceur des eaux. Si vous vous laissiez tomber vers les ondes, flotteriez-vous au-dessus du vide ? ou vous écraseriez-vous sur le sol vaseux, dans les profondeurs inaccessibles aux vivants ? Jusqu'où le fleuve charrierait-il votre corps inerte ? Jusqu'aux environs de Rouen ? ou bien resterait-il à jamais dans les fosses humides de la capitale ? Vous rêvez à cette mort légère. En une chute, vous pouvez vaincre toute cette pression qui vous incommode. Vous détruisez tous ces ouvrages qui pèsent sur vos épaules. C'est une manière de surmonter la prépa. Vous êtes conscient que c'est une fuite. Mais elle est douce. Et vous n'êtes qu'un cancrelat qui essaie de gravir des montagnes. Un insecte insignifiant qui s'accroche à un croissant. La vie n'est peut-être pas ce qu'elle semblait être.

Vous êtes déçu. Le bonheur annoncé semble toujours reporté à plus tard. Petit, vos parents vous déclaraient qu'une fois grand vous seriez libre et heureux. Maintenant que vous êtes au seuil de l'âge adulte, le plaisir semble encore remis à un autre âge. Aux vacances sans doute. À la retraite certainement. Et si vous mouriez avant ? Toutes ces souffrances pour rien ! Non, vous ne voulez plus pleurer. Vous allez prendre les choses en main. Même si le héros tragique crée son propre malheur en œuvrant contre la fatalité, vous lutterez. Vous êtes différent. Vous échapperez à ce destin tragique qu'on vous réserve. Néanmoins, le repos reste à la portée d'un mouvement. Il suffit d'une chute. Votre chute.

Que vous auriez besoin de Quentin dans ces secondes

de descente ! Que ses paroles seraient salvatrices ! Vos pensées vous ramènent toujours à votre ami en ces instants de désespoir. Quentin ne parle jamais de lui. Pourtant, vous voyez clair en lui ! Il existe un tel écart entre ce qu'il apparaît et ce qu'il est que lui-même y voit trouble. Il arbore un tel dégoût de lui-même. Il se déteste en secret. Vous êtes si proche de lui. Votre compagnon est le seul être qui ait une chance de saisir ce qui s'agite en vous. C'est l'unique personne qui puisse du moins le soupçonner. Oui, lui sait. La parole maternelle vous a toujours prédit un avenir brillant et stable. Or Achille n'est vulnérable que là où la main de sa mère l'a touché. Il est difficile de souffrir qu'un autre se glisse en vous et perçoive ainsi tout ce que vous voilez aux yeux du monde. Quentin peut lire en vous. Vous n'en doutez pas. Il détient toutes les clés et sait sciemment même ce que vous lui cachez.

Alors, pourquoi ce conflit entre vous ? Que n'affiche-t-il pas une amitié bienveillante à la place de cette cruelle indifférence ? Toutefois, qu'est-ce qui vous permet de dire que vous le connaissez si bien ? Les êtres changent. Et si vous n'aviez pas perçu un changement qui s'insinuait en lui ? ou en vous ? Vous êtes perplexe. Il ne vous reste plus qu'à vous jeter dans la Seine pour échapper à tous les combats à venir. Cette solution n'est pas la plus mauvaise. Est-ce pour autant la meilleure ? Non, sans doute. Alors, que faites-vous sur ce pont ? Vous ne le savez plus, en fin de compte. Vous vampirisez vos espoirs. Le sang coule. Et c'est le vôtre. Cette saignée vous redonne des forces. Ce sont vos peines, vos peurs et vos pleurs qui rejoignent le fleuve. Vous avez le visage pâle, comme envahi d'un nuage qui aurait pu passer pour de la tristesse, si vous n'aviez cette lueur dans les yeux. Une force nouvelle y brille. Il ne tient qu'à vous d'abattre vos idoles. Et vous avez un concours blanc à préparer. Vous allez brûler ces chimères qui vous détruisent continuellement. Vous savez qui vous êtes. Et si le monde ne vous accepte pas comme tel, vous le changerez, ce monde. Vous voilà résolu. Une fois pour toutes. Soudain, vos pensées s'arrêtent brusquement.

Vous venez de réaliser une chose qui jusque-là vous avait échappé. Comment n'y avez-vous pas songé plus tôt ? C'est la clé du mystère qui vous a enchaîné pendant quelques heures au-dessus de la Seine. Vous vous penchez vers le fleuve. Vous êtes émerveillé. Il y a quelque chose d'extraordinaire dans ce spectacle. L'eau coule... Vous avez toujours eu cette faculté de fascination, même pour des choses futiles. Vous expiriez. Maintenant, vous respirez. Il se déroule quelque chose de prodigieux sous ce pont Mirabeau. Un trait qui rend ce spectacle inouï et inédit. Vous vous étonnez. Vous vous embrasez. Vous inspirez. Oui, c'est vraiment extraordinaire : ce n'est jamais la même eau qui passe...

Premier sacrifice

« Quoi ? Même vos regards ont appris à se taire. »

RACINE, *Britannicus*

DEUX semaines. C'est le temps de repos que l'Éducation nationale a accordé à tous les élèves du pays. Vous n'êtes toutefois pas de ceux-là ! Vos professeurs ne vous ont pourtant donné aucun devoir de vacances. Vous n'avez pas particulièrement accumulé de retard sur vos camarades. Rien, en tout cas, qui ne mérite le sacrifice de quinze jours de soleil. Mais l'administration du lycée a décidé de placer le second concours blanc au retour des vacances de Pâques. Vous vous moquez de votre classement, mais vous aimeriez ne pas trop rétrograder. Alors vous travaillez. Vous noyez vos heures de loisirs dans des livres interminables. Vous déchirez vos nuits à coups de chronologies apprises par cœur et récitées mécaniquement. Vous oubliez de vivre. Une fois de plus. Vous verrez plus tard.

Vous avez capitulé devant la pression de vos parents et vous avez accepté de quitter la capitale pour vous rendre dans la maison familiale au bord de la Méditerranée. Cependant, vous n'avez pas l'intention de quitter la table de travail installée devant l'unique fenêtre de la chambre. Au travers de la vitre, on aperçoit dans le coin supérieur gauche un bout de mer. On devine même l'ombre du cap Sicié. Vous pourriez rester des heures à regarder s'éloigner les voiliers voguant vers l'horizon... Mais vous n'avez pas le temps de laisser flotter vos pensées. Vous ne parviendrez jamais à faire tout ce que vous vous étiez fixé pour aujourd'hui. Vous en oubliez même ces arbres qui voilent l'étendue bleue. Quelqu'un pour qui quatre platanes agrémentant la cour d'un grand lycée parisien sont devenus trop familiers se contente facilement d'un coin de mer. Même dans l'angle supérieur gauche. Cela suffit à le rendre heureux. Vous l'êtes, apparemment. Vous gardez cette conscience sotte de l'enfance qu'il y a quelque chose de magique dans les vacances. Pouvoir rester au lit le matin aussi longtemps que vous le souhaitez. Cette année, vous avez décidé de vous lever tous les jours à sept heures pour travailler. Pouvoir faire ce que vous désirez de votre temps. Même si vous avez résolu de passer vos journées à étudier. Pouvoir garder des souvenirs mémorables de ces quelques jours. Bien que vous deviez retenir pour la rentrée une multitude de citations idiotes et de théories inutiles. Impossible de vous laisser couler dans les ressacs du dehors : vous croulez sous le travail.

Assis à votre bureau, vous prenez soin d'offrir votre visage aux caresses du soleil. Il faut qu'un léger hâle apparaisse. Alors vous laissez vos joues en pleine lumière. Elles chauffent légèrement. Vos bras aussi. Vous ne bougez pas de la journée, dévorant des volumes entiers. Vous ne quittez pas cette chaise de bois qui déjà commence à vous faire mal au dos. Vous avez beau essayer toutes les postures, son dossier reste de marbre. Vous avez l'impression que votre colonne vertébrale se tord. Mais il y a plus grave : vos yeux vous abandonnent par moments. Vous n'avez jamais porté de lunettes. Pourtant, à l'heure où le soleil voile les vagues au-dessus de la mer rougeâtre, vos yeux se troublent. Vous ne voyez plus clair. La fatigue les a envahis et ils se vengent par une douleur insidieuse qui se termine par une migraine.

Vos parents ne comprennent pas cet acharnement à ne pas les accompagner sur la plage. Ils sont vexés par votre insistance à rester seul à la maison et par votre empressement à quitter la table à la fin des repas. Ils ne parviennent pas à imaginer ce qui vous pousse à renoncer à vos vacances. Ils critiquent désormais à voix haute votre frénésie maladive du travail. Ils restent perplexes face au plaisir que vous éprouvez. Comment leur faire comprendre ? Vous auriez tant aimé les suivre dans leurs escapades quotidiennes. Mais vous n'en avez pas le droit. S'ils pouvaient vous suivre en prépa, peut-être saisiraient-ils ce qui leur apparaît comme une obsession. Il y a cette voix en vous qui vous oblige. Comment leur parler de la voix ? Vous ne pouvez pas. Vous préférez passer pour un fou, une bête de foire qu'on expose devant les voisins. Pourtant, rien n'est moins naturel que ce que vous faites. Comment leur faire entendre que c'est votre nature ? Ils ne comprendraient pas. Ils jugeraient sûrement. Ils condamneraient sans doute. Alors vous taisez les changements qui s'opèrent en vous.

À la fin des quinze jours, vous avez abattu deux caisses d'ouvrages de toutes disciplines. Que d'heures passées devant la vitre ! Pourtant, votre peau est toujours aussi blanche... Il y a là une chose qui vous échappe. Vous êtes déçu. Vous avez frôlé l'insolation et rien n'apparaît sous les rougeurs. Il ne vous resterait même pas la marque du soleil ? Vous en tremblez quand vous quittez le bureau pour la voiture qui vous ramène sur Paris. Vous ne comprenez pas pourquoi cet astre vous a refusé ses bienfaits. Vous y voyez un signe, peut-être même une mise en garde... Tout cela parce que personne ne vous a jamais dit qu'on ne peut pas bronzer derrière ce type de vitre.

De retour au lycée, les dissertations s'enchaînent. Vous êtes fatigué, mais une lueur nouvelle s'est allumée au plus profond de votre cerveau. Le concours blanc touche à sa fin : il ne reste que l'épreuve optionnelle. Quand vous rendrez demain matin votre copie d'allemand, vous aurez presque achevé la première année de préparation. Plus rien ne s'intercalera entre les grandes vacances et vous. Mais, pour l'heure, il faut réviser vos déclinaisons et conjugaisons. Vous devez relire les interminables listes de vocabulaire que votre professeur d'allemand vous a enjoint d'apprendre. Pourtant, les six heures qu'a nécessitées la dissertation de lettres du matin sont encore proches. Vous l'avez remise au professeur il y a à peine une heure et demie. Vos mains portent la lassitude des copies noircies et votre salive le goût âcre du sandwich que vous avez avalé à la sortie de l'épreuve. La cantine vous fournit cet encas chaque matin alors que vous achevez votre petit déjeuner. Mais il ne suffit guère à étouffer les protestations de votre estomac perturbé par les sucreries et les céréales que vous avez ingurgitées pendant l'examen. Tout cela vous laisse un arrière-goût amer dans la bouche.

Vous cherchez par tous les moyens à vous concentrer sur la grammaire germanique, mais votre esprit vagabonde. Jusqu'à maintenant, toutes les épreuves se sont bien passées. Vous êtes étonné de cette réussite et vous y voyez l'intervention de votre bonne étoile ou d'une bienveillance divine. Pourtant, vous croyez plus aux dieux grecs qu'au Dieu chrétien. La Bible ne vous a jamais ébloui. Vous lui avez toujours préféré les récits d'Homère. Vos prophètes sont les héros de l'*Iliade* et vos dieux ceux du Panthéon. Vous avez fait bien des efforts pour voir dans le Dieu chrétien une réunion des puissances olympiennes. Toutefois, ces tentatives n'ont jamais été couronnées de succès. Les explications avancées vous ont laissé perplexe. Vous êtes pleinement conscient du caractère blasphématoire de votre existence pécheresse. Comment ne pas reconnaître chez vous ce que les autres appellent des faiblesses ? C'est justement ce qui fait votre force. Et cette souffrance quotidienne viserait votre salut ? Ce serait le seul moyen d'expier vos fautes ! Mais à quoi bon leur consentir un tel sacrifice ? Les dieux grecs n'en ont que faire. Au contraire, ils n'y voient rien de très extraordinaire. Vous n'êtes pour eux qu'un jeune garçon en plein apprentissage. Vous n'en aimez que plus vos dieux grecs.

Vous vous perdez dans les méandres de vos doutes. Vous ne parvenez pas à réviser l'allemand. Vous décidez de prendre l'air quelques minutes. Vous vous rendez chez votre voisin de droite. C'est un physicien qui s'est pris d'amitié pour l'hypokhâgneux spartiate que vous êtes. Vous le trouvez sympathique et vous lui rendez quelquefois visite pour prendre de ses nouvelles et échanger quelques banalités sur vos damnations respectives. Vous le trouvez plongé dans un schéma obscur. Votre arrivée lui sert aussitôt de prétexte pour se détacher des lois mécaniques qui le travaillent en cet instant. Alors que vous vous étonnez du goût de la soupe chinoise servie la veille à la cantine, quelqu'un frappe et pénètre dans la chambre. C'est Quentin, une tasse à la main, qui vient mendier un peu de sucre pour son café.

En vous apercevant, il tressaille, puis feint de ne pas vous avoir remarqué. Vous vous évitez toujours à l'internat et vos relations sont limitées au minimum nécessaire entre deux élèves d'une même classe. Vous préféreriez mourir plutôt que de vous abaisser à lui sourire ou lui parler. Quentin échange quelques mots avec le maître des lieux. Il s'attarde. Il prend apparemment un malin plaisir à vous exclure de la conversation, comme s'il testait votre résistance. Il ne vous adressera pas une phrase. Finalement, au moment de partir, il se tourne vers vous et vous lance un regard sévère et froid, mais en même temps impassible et vide, avant de refermer la porte sur lui. Rien. Vous n'avez rien perçu dans ce regard, pas même cette tendresse qui vous mettait au bord des larmes. Vous y avez discerné cette austérité habituelle, mais pas une miette de la complicité de naguère. Vous êtes bouleversé. Vous ne voulez plus immoler cette amitié à l'autel de votre fierté. Vous êtes malheureux. Vous allez peut-être pleurer. Vous abandonnez votre ami physicien à son travail. Dans le couloir, Thibault vous sourit et vous souhaite une bonne soirée. Il rentre chez lui. Vous lui répondez gentiment. Vous avez le sourire facile, même pour les imbéciles.

Premier passage

« L'âge d'or du genre humain n'est point derrière nous, il est au-devant. »

COMTE DE SAINT-SIMON

C'EST un bel après-midi de juin. Le parc du lycée est envahi d'oiseaux de toutes sortes. Des écureuils gambadent sur les pelouses, escaladent les arbres centenaires. L'herbe sert aussi de couche aux collégiens qui s'étendent par dizaines sur ce drap vert. Ils rient, crient, tous affichent une mine joyeuse. Les yeux pétillent : les vacances approchent et le soleil annonce les longues journées passées entre le sable et l'eau. Au milieu de tant de joie et de bonheur étalés, il existe une race maudite qui se tient à l'ombre d'un vieux chêne. Ces êtres sont là, recroquevillés, pliés en quatre. Là, un bras nerveux. Ici, une face fiévreuse. Ceux-là ont les yeux fermés. Ils prient. Ils s'en remettent à des dieux auxquels ils n'ont jamais cru. Personne ne brise le silence. Le malheureux bavard périrait immédiatement sous leur regard.

Quatre jours auparavant, l'équipe enseignante a rendu publics les résultats du concours blanc. Suspens. Surprises. Sublime. Vous êtes quatrième. C'est certes moins bien qu'au premier semestre, mais cela reste une belle victoire. Vos efforts ont été récompensés ! Le sacrifice n'aura pas été vain. D'autant plus que vous conservez toujours une jachère de travail que vous vous gardez bien d'entamer. Les dieux vous ont entendu. Vous êtes maintenant certain d'obtenir votre passage en khâgne. Quel soulagement ! Vos camarades vous observent, envieux. À eux l'angoisse du conseil de classe. Vous ne leur ménagez pas votre soutien, mais vous êtes conscient de votre privilège. Vos camarades se persuadent que ce sont les pires minutes de leur vie... D'une seconde à l'autre, les professeurs vont sortir de la salle du conseil et annoncer leur verdict. Dans quelques instants, des vies vont basculer. Voilà déjà dix minutes que la réunion devrait être achevée. Les doigts se croisent. Les jambes trépignent. Les lèvres soupirent.

Les enseignants sont toujours dans la salle. Pourquoi ne quittent-ils pas les lieux ? On aperçoit les silhouettes immobiles au travers des vitres. Des dizaines de paires d'yeux fixent ces ombres. De longues secondes se passent. Cela fait plus d'une heure qu'ils discutent. Soudain, un camarade affirme avoir vu une forme bouger dans la salle du conseil. Tous les regards sont maintenant posés sur l'entrée. Ils fixent la poignée. Soudain, elle s'abaisse. Le battant est poussé violemment. Une jeune fille apparaît. C'est Sarah, la déléguée. Elle claque violemment la porte. C'est mauvais signe. Vous allez enfin savoir. Ce n'est plus qu'une question de secondes. Mais que fait-elle ? Elle part dans la direction inverse. Elle court. Elle pleure. Que se passe-t-il ? Vous ne comprenez pas. C'est pourtant simple. On vient de lui annoncer qu'elle n'était pas autorisée à passer en khâgne. Elle a bien tenté de retenir ses larmes. Mais le choc était trop fort. Quel échec pour cette bonne élève ! Une année de perdue. Condamnée à rejoindre la fac ! Elle a craqué et maintenant elle court dans le parc. Elle vient de rejoindre la rue et disparaît.

L'historienne passe alors la tête par la fenêtre de la salle des conseils. Bientôt, elle est à la porte. Elle se dirige vers la pelouse où tous les élèves, encore stupéfaits, se sont levés et attendent, paralysés. Elle demande si quelqu'un peut lui indiquer où est passée Sarah. Elle demande le numéro de téléphone de la déléguée et réquisitionne le portable de Coralie. Cette dernière n'ose rien dire. Elle attend les résultats fiévreusement et pense qu'un droit de passage vaut bien un dépassement de forfait. Mais le portable de la déléguée est éteint et l'historienne se voit contrainte de laisser un message. Elle annonce à la pauvre fugitive que le conseil a réexaminé son cas et lui a finalement accordé la permission d'entrer en khâgne.

Mais personne ne s'intéresse vraiment à Sarah. Toutes les respirations guettent les signes que pourrait laisser échapper ce professeur. Qui sera rejeté ? Vous tremblez pour eux. L'historienne a cédé aux pressions et elle est allée chercher le second délégué dans la salle. Il sort, suivi de l'ensemble des professeurs. Cinquante créatures impatientes se jettent sur lui. Ses notes passent de main en main. Vous agrippez une feuille. Votre nom n'y figure pas. Vous la cédez à l'un des poings qui s'en est déjà saisi.

Vous en attrapez une autre au vol. Des mains qui espéraient en prendre possession se referment, déçues. Vous plongez votre regard oblique sur le papier. Vous reconnaissez immédiatement votre nom. Il se détache des autres par sa forme familière et rassurante. Vous êtes admis en lettres supérieures ! Mais après tout, vous vous y attendiez... Alors, à quoi bon s'exciter sur cette feuille ? C'est que le conseil de classe marque la fin de l'année : il ne reste que trois semaines de cours avant que les enseignants vous convient à assister aux oraux des khâgneux et que commencent deux mois de véritables vacances. Vos voisins ont l'air si dépité en cet instant de jubilation que vous hésitez à leur passer la feuille. Un abîme s'est ouvert devant eux. Que vont-ils faire l'année prochaine ? Ils ne savent plus. On n'a pas voulu d'eux. Jetés ! Mis à terre par une poignée d'enseignants ! Ils s'écroulent. Une dizaine de jeunes gens gisent déjà sur le sol. Des sanglots explosent. Des cris. Des larmes.

Certains ont oublié qu'une vie est possible en dehors de la prépa. Alors, une lueur perce en eux : il faut tout faire pour éviter la fac ! Non, ils ne rejoindront pas l'université ! Ils passent en revue, l'espace d'un instant, toutes les solutions de rechange. Ils peuvent postuler pour une deuxième année de préparation à HEC. Le niveau y est moins élevé et ils seront accueillis comme des prophètes. S'ils ont l'âme délicate, ils songent à intégrer une khâgne littéraire. Comme cela, ils ne feront plus jamais de maths. Pour les irréductibles pluralistes reste la possibilité d'intégrer une khâgne scientifique de province. S'expatrier ! Ils partiront pour Melun, Orléans ou Marseille.

Benoît jubile à vos côtés. Il a obtenu son passage. Avec une des plus mauvaises moyennes en histoire et des difficultés en économie, il n'avait presque aucun espoir de décrocher la précieuse autorisation. Mais comme les enseignants lui ont fait savoir leur décision à l'avance, il les a travaillés au corps. Il a affiché une motivation pantagruélique et des remords prometteurs. Il a usé de larmes et de charmes. Finalement, les professeurs ont cédé. Ils ont commis une injustice qui n'échappe à personne, surtout pas à ceux à qui on a barré la route de la khâgne. Seul Benoît semble inconscient de cette iniquité. Il a vaincu. Peu importe les moyens, il sera khâgneux.

Quentin se tient aussi au milieu de ce parterre d'étudiants fiévreux. Il a l'air gai. Une feuille à la main, il tente de mémoriser les résultats de tous ses camarades. Soudain, sa main tremble imperceptiblement. Il paraît figé. Il lève les yeux vers vous. Son regard rencontre brusquement le vôtre. Vous êtes paralysé. Détourner les yeux serait un aveu. Alors, vous esquissez un sourire et le transpercez plus intensément du regard. Il tressaille. Vous aussi. Il est visiblement aussi gêné que vous. Il répond à votre sourire et disparaît aussitôt dans la masse de vos camarades.

Vous êtes troublé. Cela n'a duré que quelques instants. Tous vos membres en tremblent encore. Quentin est loin désormais. Vous êtes hors de danger. Les larmes que vous vouliez lui cacher emplissent vos yeux. Oui, vous pleurez. Car c'est plus fort que toute votre volonté. Vous ne pouvez résister à cette amitié désirée. Des camarades étonnés vous observent. Vous vous ressaisissez et gagnez votre chambre.

Heureusement, vous n'avez pas croisé Quentin en vous rendant à l'internat. Que lui auriez-vous dit ? Vous êtes encore bouleversé. Cette rupture n'a que trop duré. Vous êtes maintenant résolu à réparer la situation, quitte à vous humilier. Mais comment trouver les mots pour avouer que vous tenez à son amitié ? Il n'y a là rien de malsain ou d'inavouable. Mais un reste d'amour-propre vous retient. Tandis que le soleil se couche sur cette journée, vous voyez enfin clair en vous. L'aveu le plus difficile a été accompli. C'est celui que vous deviez vous faire. Tout le reste n'est que littérature.

Premier espoir

« Le plomb des souvenirs
L'or des incertitudes. »

PIERRE REVERDY

ENFANT, vous pensiez que le monde était parfait. Depuis, une année s'est écoulée. La souffrance du quotidien vous a fait évoluer. Vous êtes fatigué de ces journées passées à vous remplir de la science du passé. Vous n'avez plus envie d'écouter parler les morts. D'autant plus que le mois de juin cogne violemment à la fenêtre. Le soleil est pesant. L'air de l'internat est lourd. Mais cette chaleur est si envoûtante pour un être qui a hiberné durant dix mois à son bureau ! Cette luminosité est séduisante pour l'hypokhâgneux qui a oublié qu'on peut demeurer deux heures sur un banc sans rien faire. Sans lire. Sans réfléchir. En essayant de se vider la tête par tous les moyens. Respirer, mais surtout ne penser à rien. Ce vide est tellement apaisant. Vous pourriez rester des années sur ce banc. Vous regardez les gens déambuler dans les allées. La nature reprend ses droits. Vous êtes heureux, enfin.

Voilà déjà plus de deux semaines que le conseil a rendu son verdict. Les quelques professeurs qui maintiennent leurs cours ne dispensent plus qu'un simulacre d'enseignement. Les élèves qui se sont vu refuser le passage ont délaissé le lycée, tantôt à contrecœur, tantôt trop contents de s'en échapper. L'effectif de la classe s'est donc réduit de moitié. Mais la part restante n'écoute plus vraiment.

L'année est finie. Relâche. Répit. Repos. Vous n'avez plus rien à faire. Il y a tant de choses que vous souhaiteriez dès lors réaliser. Mais vous êtes épuisé. Plus vous vous détendez, plus une torpeur moite vous gagne. Il faut vous revigorer. Vous vous décidez donc pour une cure de terrasso-thérapie. Vous partez pour Paris où vous repérez une table de café. Le guéridon est posé sur la droite du porche d'un petit bar de Montmartre devant lequel vous vous êtes arrêté par hasard. Il s'appelle *Le Rendez-vous des amis*. Ce nom vous a fait sourire. Alors, vous vous êtes assis au bord de la terrasse, juste sous l'enseigne de la gargote. Les passants regardent ce jeune homme, seul à sa table, dont les yeux brillent d'une liberté retrouvée.

Vous regardez votre montre. Il est l'heure d'aller en maths. Le professeur arrive toujours en avance. C'est le dernier cours. Vous devriez faire l'effort de vous y rendre.

Mais vous ne bougez pas. Vous savez que vos camarades non plus n'iront pas. Le tournoi de Roland-Garros les occupe à temps plein. Mais vous, vous séchez aussi les courts de tennis. Vous restez sur la terrasse à demi ensoleillée du *Rendez-vous des amis*.

Vous y retournez le lendemain en compagnie de Thibault, qui s'est laissé convaincre par votre thérapie. Vous commandez deux kirs et laissez votre silence vous bercer dans le tumulte des badauds. Pour votre camarade aussi, le passage en khâgne ne représentait qu'une formalité. Ses résultats en mathématiques et en sciences sociales lui assuraient son passage en année supérieure. Vous parlez des vacances. Elles vous excitent. Elles vous effraient. Vous avez tous les deux résolu de vous plonger dans quelques devoirs de vacances. Travailler pendant les deux mois de détente est sans doute le meilleur moyen d'être à jour en septembre pour la préparation du concours. Mais vous savez déjà que vous ne respecterez pas ces vœux pieux. Dès que vous aurez passé le seuil de l'établissement, vous vous abandonnerez à une débauche de plaisirs futiles. Vous allez vivre !

Avant ce congé reste un rite inévitable pour tout élève de première année : assister aux oraux de ses aînés. C'est pourquoi vous décidez de vous lever tôt le lendemain. C'est un dimanche, mais les examinateurs ignorent le repos dominical. Vous vous rendez donc au Panthéon, dont vous faites plusieurs fois le tour avant de découvrir la rue d'Ulm. Au bord de la place des Grands-Hommes se tient un policier qui garde l'entrée d'un immeuble.

Vous l'avez déjà remarqué à plusieurs reprises sans savoir quelle célébrité habite ici. Vous vous enfoncez dans la rue d'Ulm, puis vous pénétrez dans la demeure historique. Vous aimez les vieilles pierres. Vous exultez. Vous découvrez la cour aux Ernest et l'ombre chaude qui y règne. Vous rêvez d'attraper les poissons du bassin. Mais ce n'est pas pour cela que vous êtes venu. Vous commencez par un oral de philosophie. Vous n'y comprenez rien. Dérouté par un langage trop obscur, vous vous réfugiez en histoire. La pauvre candidate planche sur la politique du Front populaire. Le jury sadique parvient par des détours obscurs à lui demander qui est le ministre des Finances du Front populaire. La jeune fille bredouille un Vincent Auriol presque inaudible. L'examinateur semble déçu de cette réponse exacte. Il surenchérit en lui demandant le nom du ministre de l'Économie. La candidate sèche. L'enseignant la remercie. Vous vous enfuyez. Vous non plus ne connaissez pas Charles Spinasse. Vous enchaînez en vous rendant à un oral de mathématiques. Il se déroule dans un grand amphithéâtre où le candidat semble seul, perdu au milieu d'un désert de craie. En contrebas siègent les deux membres du jury qui tournent le dos au public. C'est un des khâgneux de votre lycée qui est en scène. Vous lui avez déjà parlé après un concours blanc. Il vous a semblé brillant et très gentil. Sa prestation est satisfaisante si on en juge par les sourires bienveillants du couple d'examinateurs lorsqu'il efface le tableau et quitte la salle. Vous n'avez pas compris grand-chose aux exercices qu'il a traités, mais c'est sans doute un succès. Vous sortez de la salle. Le khâgneux discute avec le professeur de mathématiques qui a sa mine des grands jours.

Vous vous approchez du candidat et le félicitez. Il vous lance un sourire et vous remercie d'être venu assister à son oral. À défaut d'avoir compris les détails techniques, vous le complimentez pour la clarté de son exposé. Il rougit un peu et vous déclare que vous serez sans doute à sa place l'année prochaine. L'enseignant semble acquiescer. Il n'en fallait pas plus pour réveiller votre instinct combatif. Oui, dans un an, c'est vous qui passerez les oraux ! Vous intégrerez l'ENS. Mais vous n'êtes pas prêt. Vous foncez dans une librairie et achetez tous les manuels qui touchent de près ou de loin votre programme. Fini la terrasso-thérapie. Au travail !

Une corvée inévitable vous attend au lycée. L'internat ferme dans trois jours et votre chambre est à l'image de la ville de Capharnaüm. Toutes sortes d'objets s'y entassent pêle-mêle. Des livres dégoulinent des étagères et se répandent sur le sol. Il faut enjamber des paquets de feuilles pour atteindre l'armoire branlante qui déborde de linge plus ou moins sale. Vos parents arrivent à dix-huit heures. Il vous reste quatre heures pour tout vider. Au travail ! C'est une année entière qui se dévoile à vos yeux. Vous êtes l'archéologue de vos propres jours. Les couches d'histoire contemporaine les plus récentes dévoilent des cours de sociologie oubliés depuis longtemps.

Vous classez et répertoriez toutes ces découvertes. Vous remplissez six caisses de vos archives. Le chat prend un malin plaisir à renverser les cartons pour les explorer. Il tourne dans toute la pièce à la recherche d'un manuel confortable. De temps à autre, il fait entendre un miaulement amical pour vous rappeler sa présence. Puis il reprend sa quête curieuse autour des montagnes de papier.

Quentin vide également sa chambre. Votre guerre froide a pris fin. Il est venu vous rapporter une pyramide de livres empruntés. Vous l'avez remercié. Il est parti. Ses caisses aussi. Cette rencontre vous a redonné le moral. Votre optimisme enfantin revient. Votre sourire aussi. Un soupir vous échappe. Thibault passe dans votre chambre pour vous saluer avant son départ. Il allume une cigarette. Vous échangez quelques mots sur les vacances. Cependant, vous êtes ailleurs.

L'ami bavard prend congé. Vous remplissez les derniers cartons. Il n'en reste qu'un. Vous le saisissez d'une main pour le rapprocher du bureau. Il résiste. Interloqué, vous soulevez les battants à demi fermés. Une masse noire dort enroulée au fond de la boîte. Elle lève la tête, cligne des yeux, puis se rendort dans un ronronnement familier. Vous poussez délicatement le carton dans le couloir. Vous n'avez pas le droit de troubler le sommeil de votre compagnon. Vous descendez les caisses et terminez le nettoyage de la pièce. Vous la fermez pour deux mois. Vous rendez la clé à l'intendance et descendez vers le parc du lycée.

La première partie de votre périple s'achève. Vous parcourez l'allée qui mène au portail d'entrée. Un jardinier s'affaire sur des bosquets. Les pelouses sont désertes. Vos pensées vagabondent. Vous sortez. Vous ne savez toujours pas ce qui vous a poussé à faire ce choix. Vous désiriez toucher le savoir. Et vous l'avez embrassé ! Vous en frémissez. Vous n'ignorez pas qu'il est des étreintes dont on conserve à jamais la brûlure.

Premier rendez-vous

> « Les philosophes n'ont fait qu'interpréter le monde de diverses manières : il importe maintenant de le transformer. »
>
> KARL MARX, *L'Idéologie allemande*

L'ÉTÉ est terminé. Vous avez connu les joies du vacancier. Les plaisirs de la plage. Les couchers de soleil. Une demi-douzaine de petits ouvrages lus à l'ombre d'un vieux chêne-liège. Vous étiez conscient que bientôt toutes ces heures vous manqueraient et que vous regretteriez cette vie insouciante. L'été est fini.

Il va vous falloir à nouveau dormir au lycée ce soir. Vous remontez l'allée jusqu'à la cour des prépas. Un surveillant est attablé sous les platanes, un amas de clés posé près du registre qu'il remplit. Une file d'étudiants attend le numéro de la cellule dans laquelle chacun va s'enfermer pour un an. Après une demi-heure, vous parvenez devant le maître d'internat. Vous obtenez la chambre 35, située dans le bâtiment opposé à celui que vous habitiez en hypokhâgne. Car on ne mélange pas les première et deuxième années. L'enjeu n'est pas le même. Vous prenez la clé et vous y rendez immédiatement.

Vous montez les marches deux à deux. Vous vous précipitez. Vous êtes trop impatient pour les gravir calmement. Premier étage. Vous continuez. Encore quelques marches. Enfin, vous arrivez. Les parois du deuxième étage de cette aile du lycée sont aussi décrépies que celle que vous fréquentiez l'année précédente. Vous entrez dans le couloir. Vous parcourez les numéros sur les portes d'un œil inquiet. Enfin, vous apercevez le numéro 35. Votre chambre est suffisamment éloignée des toilettes. Toutefois, l'entrée des douches n'est qu'à quelques mètres de votre nouveau refuge. Deux cloisons seulement vous en séparent. Vous êtes inquiet. Il en faut très peu pour que la vie d'un khâgneux devienne un enfer.

Vous déposez votre sac sur le lit. Vous contemplez les lieux. La pièce est un peu plus petite que votre précédente chambre. L'armoire est neuve. Le bureau semble un peu plus vaste. Toujours le même lavabo dans le coin sous la fenêtre. Des rideaux crasseux. Un sol verdâtre. Un néon blafard. Vous rajouterez des étagères. Vous vous asseyez sur le matelas. Pas de doute, c'est habitable ! Vous sortez. Une bonne surprise vous attend. Quentin a la chambre voisine. Vous êtes les deux seuls khâgneux de cette aile. On vous a encore isolés au milieu des scientifiques.

Votre ami est radieux : il vient de quitter ses parents.

Il vous décrit ces deux mois passés en leur compagnie comme une torture quotidienne. Les disputes suivaient les querelles qui prolongeaient des affrontements sur les sujets les plus divers. Un abîme s'est creusé entre lui et ses géniteurs. Ces derniers ne l'ont pas vu grandir. Ils ne saisissent pas qu'il a plus que jamais besoin de leur soutien. Quentin les déteste. Il les méprise. Du moins c'est ce qu'il dit. Il ne veut plus les voir. Alors, en cette soirée de retour à l'internat, il semble que rien ne puisse ternir son bonheur. Votre dispute est oubliée. Vous échangez des anecdotes de vacances. Vous lui proposez de venir boire un chocolat chaud après le dîner. Rendez-vous est pris. Vous vous séparez et déballez vos affaire chacun de votre côté.

Vous poursuivez l'emménagement. Vous redécouvrez tous les objets, presque baudelairiens, qui parlent de vous et de vos faiblesses. Vous avez su en faire des raisons de ne pas être triste quand tout allait mal. En aurez-vous encore besoin ? Vous ne pensez pas. Votre cher voisin est de retour. Vous discutez avec les scientifiques qui s'installent dans les chambres aux alentours. Ils sont de deux types. Des « trois demis » scrutent nerveusement les lieux. Ils viennent tout fraîchement de maths sup. Des « cinq demis », plus tranquilles, les regardent avec tendresse. Eux ont déjà vécu le concours et les épreuves. Une partie a même intégré des écoles prestigieuses en juin dernier. Mais ils aspirent à beaucoup mieux. C'est pourquoi ils s'apprêtent à entamer une troisième année de prépa. En khâgne, les hypokhâgneux sortants sont appelés les carrés et les troisièmes années des khûbes. Cela semble logique. Carré pour deuxième année et khûbe pour troisième, cela donne un air scientifique qui fait fureur dans les classes préparatoires littéraires. On a même compliqué l'orthographe de « cube » par pure pédanterie. Mais « trois demis » et « cinq demis », c'est bien plus terrible ! Ce code n'est compréhensible que des initiés. Ce n'est plus de la suffisance, c'est du snobisme...

Vous quittez votre chambre. C'est l'heure de dîner. Alors que vous fermez à clé, une ombre familière se dessine au bout du couloir. Le chat fréquente aussi cette partie de l'internat. Il vous a reconnu. Le matou se jette dans vos pattes en ronronnant. Ces retrouvailles sont poignantes. Vous ne vous y attendiez pas. Ses yeux en amande vous caressent chaleureusement. Il vous suit jusqu'au réfectoire. Vous lui donnerez un bol de lait ce soir. Il s'agit de reprendre toutes vos bonnes habitudes.

Le repas est quelconque. Des pâtes recouvertes de concentré de tomate. On a déjà vu mieux. De toute façon, vous vous en moquez. Vous vous concentrez sur les moments qui suivront le dîner. Vos camarades vous le font remarquer. Vous êtes ailleurs. Et vous semblez si heureux. Ils ne comprennent pas ce qui vous réjouit dans ce retour en prépa. Vous n'y prêtez pas attention. Vous avalez les nouilles. Vous êtes le premier à quitter la table. La coutume veut qu'on attende les camarades qui mangent à la même table. Mais ce soir, vous passez outre, quitte à passer pour un rustre. Vous avez irrésistiblement envie de prendre une douche. Il faut vous presser. Cela vous ennuierait beaucoup de faire attendre Quentin. Vous tenez toujours vos promesses et ne perdez pas de vue le chocolat au lait escompté. Alors que vous sortez de la salle d'eau, vous croisez votre ami qui s'excuse pour son retard. Il passe à la douche et vous rejoindra ensuite. Vous lui enjoignez de prendre son temps.

Il frappe à la porte vingt minutes plus tard. Il s'assoit sur le lit, comme un an auparavant. Sans pudeur, vous vous racontez vos vacances. L'intimité revient peu à peu. Quentin vous parle de ses lectures de vacances. Il a lu les trois mille pages de *La Recherche*. Il a adoré, bien sûr. Il s'emporte et ses yeux brillent. Le cacao est brûlant. Le chat lape le lait. La soirée se passe bien, en somme. Quentin continue le récit de ses aventures estivales. Vous échangez des propos sur les épreuves à venir. Il va falloir remplir votre agenda, le surcharger de khôlles dans les sept matières du concours et trouver toujours plus de temps pour travailler dans les mêmes vingt-quatre heures. Cela ne sera pas évident. Mais vous y arriverez. Vous êtes presque des demi-dieux... Rien n'est vraiment impossible aux créatures de votre espèce. Vous avez lu Platon. Alors à deux, tout est possible.

Quentin parle, mais vous ne l'écoutez plus. Vous le regardez. Seuls les enfants uniques possèdent une confiance en eux si fortement émaillée d'incertitudes. Quentin s'aperçoit bien que vous ne l'écoutez plus. Son sourire se fait plus large. Vous vous êtes trahi.

Le chat a rejoint le lit. Il s'est installé entre vous deux et se laisse copieusement caresser. Quentin s'abandonne dans des récits d'enfance. Ses parents l'étouffent depuis son plus jeune âge. Il croule sous le poids de leurs ambitions et de leurs attentes. Il vous avoue que parfois les larmes le submergent. L'heure avancée pousse aux confessions. Il laisse paraître ses faiblesses. Vous aussi. Vous retrouvez vos marques. Lui aussi. Alors que tout l'internat tremble devant le recommencement des épreuves, vous vous sentez bien. Vous êtes heureux. Oui, les fils uniques sont bien les seuls avec lesquels on puisse tout à fait s'entendre.

Mais il est tard et Quentin doit rejoindre sa chambre. Rendez-vous est pris pour le lendemain. On travaille mieux à deux. Le chat est imperturbable. Vous éteignez la lumière. Vous vous couchez. Aidé par le chien et le loup, vous vous endormez.

Première résurrection

> « La résurrection est une idée toute naturelle ; il n'est pas plus étonnant de naître deux fois qu'une. »
>
> VOLTAIRE, *La Princesse de Babylone*

LA vie est faite de plusieurs vies. Vous écoutez attentivement le phénix du conte de Voltaire. Tout a recommencé. Variations sur un même thème. Les longues soirées. Les cours interminables. Les courtes nuits. Léthargie d'autant plus brève que votre voisin vous empêche de dormir. Non pas Quentin. Mais l'autre. Un Marocain. Le neveu de l'ambassadeur, pour être plus précis. Un sale gosse. Un égocentrique confirmé que tout le monde a encouragé à être tel depuis vingt ans. Rien là de dérangeant, à part quelques habitudes regrettables. Il parle fort, très fort. À sa décharge, vous reconnaissez que les cloisons sont peu épaisses. Vous subissez tous les soirs ses longues conversations téléphoniques dans une langue que vous ne parlez pas. Vous auriez pu vous y habituer. C'est vrai, vous êtes conciliant. Vous vous seriez dit que cela fait partie des inconvénients de la vie en groupe. Mais ce jeune homme vous réservait d'autres surprises.

C'était une nuit de la seconde semaine de cours. Vous rêviez d'aventures imaginaires quand une gêne vint troubler votre sentiment de bien-être. Un tintement, ou plutôt une sonnerie. Quelque chose de strident. Vous sortez péniblement de votre torpeur. Le bruit continue. Vous émergez peu à peu. C'est un réveil qui carillonne. Votre montre affiche quatre heures. Vous essayez de vous rendormir. Impossible. Bientôt, la petite aiguille s'est déplacée sur le 5. Le bruit vous obsède toujours. Vous vous levez. Le son vient du couloir. De la chambre voisine, plus précisément. Vous frappez violemment à la porte. Elle est fermée à clé. Son occupant semble se réveiller. Il éteint le réveil. Puis c'est le silence. Vous retournez dans votre lit, persuadé qu'il s'agit d'un accident.

Mais quand, le lendemain, le réveil sonne à la même heure, vous vous dites que son propriétaire va l'éteindre tout seul. Vous ne vous lèverez pas. Vous vous enfouissez sous votre oreiller. Vous parvenez à vous rendormir. La fatigue est plus forte. Mais bientôt, vous vous éveillez. Toujours cette plainte du réveil. Il ne l'a pas coupé. Il est six heures. Vous craquez. Vous vous jetez hors du lit. Hors de votre chambre. Vous tambourinez à la porte close. Il coupe enfin l'appareil. Vous êtes excédé. Quel abruti ! Vous allez l'écharper. Le massacrer. L'étriper.

Pour l'instant, il faut dormir. La journée sera longue et vous êtes fatigué. Vous ne tiendrez jamais le rythme si cet étourdi continue à profaner vos heures de repos. Vous le croisez à la sortie de la cantine et en profitez pour lui dire deux mots. Vous êtes calme, poli, mais ferme. Il s'excuse. Il dit ne pas entendre le réveil. Il s'enfuit dans sa chambre. Vous êtes soulagé. La nuit prochaine, vous pourrez dormir.

Cet incident malheureux vous a donné un sujet de conversation avec les scientifiques qui habitent votre internat. Un biologiste vous a expliqué l'origine des surnoms obscurs qui vous intriguaient. Le but de tous ces étudiants est d'intégrer l'École polytechnique que la noblesse d'État surnomme l'X. Certains y parviennent en deux ans et d'autres en trois. Or, mathématiquement parlant, la primitive de X est un demi de X au carré. Si on intègre X entre un et deux ans, on trouve quatre demis moins un demi, ce qui fait trois demis. D'où le nom des étudiants dans leur deuxième année. De même, on trouve que l'intégrale entre un et trois ans vaut cinq demis. C'est un peu compliqué, mais si ça les amuse...

Votre autre voisin fait oublier l'impudence du premier. Quentin dit ne pas entendre le réveil. C'est vrai, il a le sommeil lourd. Tant mieux. Vos rapports sont de plus en plus étroits. Vous travaillez régulièrement à deux. Dès que vous avez un doute, vous le rejoignez dans sa chambre. Mais il n'est plus question de préparer ensemble un plan détaillé d'histoire. Dès la première semaine de cours, l'enseignante a donné trois semaines pour lui rendre le plan d'une dissertation sur un sujet de relations internationales. L'année commence très fort. Il est impensable de vous associer avec quelqu'un que vous appréciez. Il n'est même pas question de Quentin. Il ne vous en a pas parlé et vous avez soigneusement évité le sujet. Thibault vous a proposé de rédiger le devoir avec lui. Mais vous lui préférez Céline. Non pas qu'elle soit meilleure historienne, bien au contraire, mais c'est une des personnes que vous appréciez le moins dans la khâgne. Comme cela, vous ne prenez aucun risque. Vous allez pouvoir vous chamailler, vous disputer à loisir. Vous chicanerez sur le moindre détail. Et elle cédera. Car au milieu de ces ténèbres de dates, votre égoïsme prend une nouvelle forme. Vous feriez n'importe quoi pour les gens que vous estimez. Vous iriez même jusqu'à mettre en jeu votre vie si cela s'avérait nécessaire. Ce sont vos amis, votre clan. Vous ouvrirez ensemble le cadenas qui clôt l'entrée des Grandes Écoles. Coralie, Benoît, Thibault, Quentin. Ce sont les compagnons de cette nouvelle existence qui s'annonce en ce mois de septembre. Vous n'êtes plus ce petit hypokhâgneux timide et désorienté. Cet enfant égaré est mort.

Mis à part en philosophie, tous vos professeurs sont les mêmes. Pas de surprise de ce point de vue. Ce sont les mêmes figures fatiguées. Les mêmes travers imbuvables. Les mêmes névroses obsessionnelles. Le professeur de français rit toujours tout seul des railleries grossières qu'il lance aux plus faibles. Le matheux propose des explications claires et concises, qui restent incomprises.

L'historienne présente des évolutions obscures et touffues, que vous saisissez instantanément.

Le nouveau professeur de philosophie est haut en couleur. Il cultive son âme d'enfant. Il est né le même jour que la girafe du Jardin des Plantes et cela l'a beaucoup marqué. Il dessine des animaux dans la marge des copies qu'il corrige. Vous comprendrez très vite que le jeu consiste à faire intervenir tout un bestiaire dans vos dissertations afin d'obtenir le maximum de croquis. Ces griffonnages compensent souvent la faiblesse de la note que vous obtenez dans cette matière. L'enseignant tient visiblement beaucoup à l'affection de ses élèves. Il veut entretenir une relation très privilégiée avec la classe. Ce maître hors du commun est le roi des jeux de mots. Mais, dans le même temps, il vous parle de l'être, de l'un et du néant. Il vous explique pourquoi l'être est et le non-être n'est pas. Face à ses démonstrations, vous êtes un néant. Vous ne comprenez pas ce que ce jeune vieillard essaie de vous expliquer. Plus il déroule sa pensée, plus vous vous emmêlez. Pourtant, ses cours ont un attrait incomparable : la pause. Au milieu des deux heures de cours, les enseignants vous accordent toujours quelques minutes de répit. Lui s'arrête parfois près d'une demi-heure ! Il vient discuter avec les élèves sous le patio. Il raconte des anecdotes toujours truculentes. Il évoque des expériences critiques. Il expose des théories déchirantes. Bref, tout le monde l'adore.

La composition de la khâgne est partagée entre deuxième et troisième années. Enfin des têtes nouvelles !

On y a adjoint les meilleurs élèves des khâgnes de province qui ont choisi de khûber dans la capitale, où les taux de réussite aux concours sont plus élevés... Tout ce petit monde compose le groupe de soixante élèves de la khâgne scientifique du lycée. Soixante condisciples ! Cela fait beaucoup. Vous pourriez craindre la surpopulation pour certains cours. En effet, vous avez quitté la salle 5 pour la salle voisine qui possède à peine soixante chaises. Mais vous avez entendu dire que les khûbes ne viennent jamais en cours. Ce fait semble d'ailleurs se vérifier dès les premières semaines. Vos aînés ont studieusement assisté à toutes les leçons l'année dernière. Et comme la plupart des professeurs ne modifient pas leur enseignement d'un an à l'autre, les khûbes noient leurs journées dans des manuels.

Quentin les énerve déjà. Il sait plus de choses que ces jeunes gens qui étudient le sujet depuis douze mois de plus que lui. Cette effronterie d'un petit carré vous amuse beaucoup. Il sait résoudre les problèmes mathématiques dont certains khûbes ne comprennent même pas l'énoncé. Pour eux, c'est insupportable. Il les fait déprimer. Quel pouvoir ! Il a une mémoire formidable et retient le moindre détail. Il semble s'épanouir dans cette nouvelle vie de khâgneux. Quelle résurrection ! On le voit comme le futur major de la khâgne. Votre ami a tout pour être heureux. Pourtant, vous savez que deux spectres le hantent : ses parents ont encore augmenté d'un cran la pression. Quentin semble mûr et raisonnable. Mais vous, vous savez que ce jeune homme se comporte comme un enfant de douze ans. Il réagit parfois avec candeur et naïveté. Alors que l'âge adulte se présente devant lui, il fait demi-tour et retourne jouer au parc avec les autres enfants. Il est en retard pour son âge. Vous aussi, sans doute ? À bien y réfléchir, c'est également votre cas. Vous souriez ? Oui, les enfants uniques sont les seuls avec lesquels on puisse s'entendre.

Première erreur

« Maintenant, Hitler a perdu toute chance d'accéder au pouvoir. »

LÉON BLUM, 1932

LA vie ne mérite pas d'être prise au sérieux. De toute façon, elle est trop compliquée pour cela. Vous ne pouvez pas tout prévoir. Vous ne parviendrez jamais à tout comprendre. C'est sans espoir. Vous errez. Chaque seconde, votre cerveau traite un milliard d'informations. Et cela ne suffit pas. Ce cerveau aussi complexe que l'univers ne vous sert à rien. Vous vous trompez. Et l'historienne a beau souligner la phrase de Blum pour montrer que même les grands hommes sont faillibles, cela ne vous console pas. Alors vous prenez les devants. Vous vous dites que votre bien-être ne peut pas durer. L'enchantement va retomber, c'est sûr. Vos lectures vous encouragent à la prudence. C'est pourquoi vous vous préparez au pire.

L'image de Tolstoï, peut-être trop conscient de cette fatalité, le soir même de ses fiançailles avec Sophie Bers, vous hante comme un songe tristement prémonitoire. Alors qu'il écrit dans son journal : « Bonheur immense. Il ne se peut pas que tout cela ne se termine que par la vie », vous tremblez. Ces mots vous piquent et provoquent une légère secousse nerveuse dans vos bras. Votre corps vous dépasse. Le moindre agencement de vos atomes nécessite un savoir surhumain. Votre esprit ne parvient pas à décrypter tous ses mystères. Comment déchiffrer ce qui se passe en vous ? Vous aimeriez contrôler le moindre processus chimique. À défaut de pouvoir diriger ce qui vous entoure, vous auriez souhaité être maître de vous. Ne pas être votre propre esclave. Mais la réalité se trouve bien loin de ce songe. Il est des sensations qui s'imposent à vous. Des désirs, des envies qui proviennent du plus profond de votre être sans que vous y puissiez rien. D'aucuns croiront que vous avez choisi. Vous le pensez aussi parfois. Mais les alternatives sont ailleurs. Vos sentiments ne sont pas une option. Votre premier mouvement a bien sûr été de lutter contre ce que vous ignoriez être vous-même. Mais la lutte a été vaine. Vous avez été vaincu, c'est-à-dire que c'est vous qui avez gagné.

Vous dormez et pourtant votre cervelle manigance. Elle brûle déjà des mille doutes qui vous assailliront à votre éveil. Vous êtes plein des pensées qui vous étourdiront dans quelques heures. Mais un tintement sourd vous tire peu à peu de votre sommeil. Qu'est-ce que cela peut être ? Vous l'ignorez. Vous avez bien une idée...

Mais cela fait plusieurs jours que votre voisin s'est assagi. Impossible, il n'oserait pas... Le bruit se précise. C'est bien la sonnerie d'un réveil-matin. Plus d'hésitation possible : le voisin de gauche vous joue un nouveau tour. Il vous énerve ! Il va falloir vous lever. Pas moyen de faire autrement. Vous poussez les draps et vous sortez dans le couloir. Vous appuyez sur la poignée qui s'enfonce brusquement. Cette nuit, votre voisin a laissé la porte de sa chambre ouverte ! Quelle erreur ! Dans un ultime songe, vous pénétrez dans la pièce, vous saisissez du réveil, le jetez par la fenêtre entrouverte et vous vous recouchez. Le lendemain matin, tout cela n'est plus qu'un vague cauchemar. Seuls les restes d'une mécanique sur le ciment de la cour témoignent encore de votre geste impulsif. Quelle libération ! Comment avez-vous osé ? Vous ignoriez être capable d'un tel acte. Plus jamais vous n'entendrez de réveil à quatre heures du matin.

Vous avez besoin de calme ! Vous avez une khôlle de philosophie cet après-midi. Et vous avez un vague pressentiment. Vous ressentez une légère gêne à l'abdomen qui veut dire beaucoup. Et si... il faut que vous en ayez le cœur net au plus vite... Avant de passer au réfectoire boire votre thé matinal, vous vous enfoncez dans la cour des prépas. Vous longez le patio et vous dirigez vers la salle 4. Vous poussez la vieille porte en bois et vous précipitez dans le fond de la salle, là où se trouve un panneau de liège recouvert de feuilles punaisées. Où se trouve la philo ? Elle n'est pas à droite. Ni en haut. La voilà. Elle est derrière celle d'anglais. Le jeudi 18 octobre.

Dix-sept heures trente. C'est bien votre nom. Mais qui est l'interrogateur ? En une seconde, vos yeux ont parcouru la surface et trouvé les lettres tant redoutées. C'est bien ce que vous craigniez. La khôlleuse est une vieille connaissance. C'est cette femme qui vous a laissé un si bon souvenir... Celle qui domptait les araignées pendant que vous lui parliez de la représentation. Vous songez au moment où vous allez achever votre exposé. Elle singera une grimace et esquissera une moue significative. Peut-être aura-t-elle compris ? Il est si difficile de persuader les gens qu'ils sont idiots.

Maintenant, vous êtes un khâgneux. Vous ne vous laisserez pas faire. Elle ne vous intimidera plus. En un mot, vous allez perdre deux heures de votre précieux temps. Vous feriez mieux de ne pas y aller. Oui, c'est décidé. Vous ne vous y rendrez pas. Que risquez-vous ? Une remontrance du prof de philo ? Vous vous en moquez. C'est le concours en mai qui rendra son verdict. Oui, vous ne vous rendrez pas à cette khôlle de philosophie. Vous n'en avez pas besoin. D'aucuns ont « oublié » des khôlles de mathématiques sans la moindre suite fâcheuse. Votre décision est prise. Vous regardez votre montre. Il est grand temps d'aller au réfectoire.

Vous traversez la cour des lycéens, puis vous pénétrez l'atrium des collégiens. Deux petits sont déjà là. Ils se regardent tendrement. Enfoncés dans le cloître, ils ne vous voient pas. Vous passez. Ils s'embrassent. Vous souriez d'une telle insouciance. Vous passez votre chemin. Vous songez. Vous êtes l'aboutissement de tant de destins. Il a fallu que des milliers de gens se rencontrent, se plaisent pour en arriver à votre existence. Vous n'êtes rien et vous auriez très bien pu ne pas être. Il aurait suffi qu'un seul des mille hommes qui vous ont fait meure trop tôt. Il eût suffi d'une épidémie ou d'un accident. Ne pas être, que c'est horrible ! C'est peut-être pire que de ne plus être. C'est n'avoir pas pu déployer tout ce que l'esprit porte en vous. Cela était si probable.

Vous êtes une erreur du hasard. Qui aurait pu dire que vous seriez un jour ? Sûrement pas vous ! Et vous voilà fait de chair, d'os et de sang. Vous voilà mortel alors même que votre naissance est si insensée. Avez-vous choisi de naître ? Voilà la grande question. Vous avez beau éternellement vous la reposer, vous ne parvenez pas à discerner de réponse. Pourtant, vous devez bien savoir ! Qui d'autre aurait pris le risque d'une telle résolution ?

Il est un moment inévitable dans tout automne de khâgneux. Un instant de pompe, d'étalage, de cérémonial. Comment ne pas se rendre au « pot de triomphe » ? Les heureux élèves de l'année antérieure qui ont intégré une école ont été invités. Tous sont présents dans le salon d'honneur du lycée. Les hypokhâgneux ont préparé des gâteaux. C'est leur seul bizutage. L'établissement fournit un mousseux rocailleux qui agresse le palais. Khâgneux et khâgneuses se pressent dans la pièce quand le proviseur entame son traditionnel discours. Traditionnel non parce que coutumier, mais parce qu'il demeure le même chaque année. Les propos du directeur durent, se prolongent et persistent. L'auditoire se rapproche dangereusement du buffet. Le dirigeant saisit le péril. Il conclut. Le professeur d'histoire révèle le palmarès connu de tous qui pare la salle de cours depuis les premiers jours de septembre. L'enseignante exulte. Elle lit lentement la feuille qu'elle tient à la main.

Les heureux admis, rougissants, avancent vers le buffet sous les applaudissements, un peu forcés, de leurs pairs. Ces ovations doucereuses sonnent la seconde d'arrêt où la masse sent qu'elle va pouvoir se repaître. En un instant, les pâtisseries sont prises d'assaut. Les verres tintent. Les discussions volages envahissent la salle. C'est l'occasion pour les enseignants de discuter avec leurs anciens élèves, à l'exception du professeur de sciences sociales qui ne semble s'intéresser qu'au mousseux. Les petits hypokhâgneux questionnent les plus âgés sur les astuces qui leur ont permis de survivre. Les plus vieux les calment à coups d'anecdotes picaresques. Les habitués observent du coin de l'œil l'économiste qui a agrippé une bouteille. Il engloutit une nouvelle flûte. Il attrape un khâgneux et lui narre le voyage de son fils au Japon. Ça y est, il est parti. Le gâteau au chocolat qui se tient à sa gauche vous tente terriblement. Vous le sentez déjà fondre sous votre langue. Vous ne pouvez résister plus longtemps.

Vous vous précipitez vers la douceur convoitée quand une main lourde vous stoppe dans votre course. Trop tard. Vous ne vous échapperez plus. « Je vous ai déjà parlé du travail de mon fils... » Le vieux monsieur raconte son histoire. Vous essayez par tous les moyens de vous défaire de ses doigts sur votre épaule. L'objet de vos désirs est si près. Vous croyez mourir. Le visage de l'économiste se rehausse de plus en plus d'un rouge vif qui rivalise avec celui de sa cravate de marque. Il vous impose un verre, plein. Vous le portez à vos lèvres. Comment vous enfuir ? Le professeur de mathématiques arrive en sauveur, pleinement conscient que son collègue est un peu éméché. Il entraîne l'économiste hors de la pièce. Vous êtes sauvé ! Il reste une part de gâteau. L'ultime portion. Vous allez tendre le bras quand Quentin s'en saisit. Tant pis, ce sera pour une autre fois.

La petite cérémonie touche à sa fin. La nuit est tombée. Vous montez tous les deux vous coucher. Vous fermez la porte de votre chambre. Le chat gratte sur le seuil. Il veut entrer. Mais vous n'ouvrez pas. Il miaule. Il prend trop de place dans le lit et risque de vous gêner. Non pas que vous vouliez dormir. Mais comment lui faire comprendre que ce soir il serait de trop ?

Première passion

« La passion, c'est moi, et c'est plus fort que moi. »

ALAIN

VOUS le savez bien, n'est-ce pas ? Vous vous enflammez vite. Vous êtes ainsi. Vous êtes trop lucide sur vos insuffisances, sur votre insignifiance. Comment ne pas être reconnaissant à celui qui ne s'en décourage pas ? Pour l'en remercier, tel le poète de Wiesel, vous lui offririez tout. Même si parfois, tout, ce n'est pas encore assez. N'oubliez pas que vous êtes jeune ! Vous avez le temps d'apprendre, de découvrir, de souffrir. Il est encore trop tôt pour que tout vous soit dévoilé. D'ailleurs, vous ne le souhaitez pas. Que vous resterait-il encore à lire ? Vous sauriez tout, et après ? La science manque parfois de charme, et c'est justement de charme dont il s'agit. Vous souriez ? Auriez-vous deviné ? Voyez-vous déjà si clair en vous ? Non, vous avez des intuitions. Vous devinez ce qui va suivre. Votre avenir est lumineux. Et vous discernez les taches qui vous recouvriront les doigts. L'encre ne s'efface pas si facilement. Vous percevez d'avance les aspects les plus sombres de la suite de votre aventure. Oui, vous entrevoyez tout cela ! Mais vous êtes trop heureux pour en tirer profit. Vous voulez vivre et vous ne pouvez croire que les dieux peuvent décider de vous abandonner, l'espace d'un instant. Alors vous vivez.

Vous parcourez l'internat dans tous les sens. Ce haut lieu de l'intelligence fait preuve d'une perspicacité maligne. Il garde ses portes fermées sur tous ces jeunes gens en train de s'abandonner au savoir. Il isole chacun des êtres qui l'habitent en un lieu secret mais les réunit dans son artère principale. Vous aimez cet endroit. Vous ne le quitteriez pour rien au monde ! Ses murs sont sales et la peinture tombe comme une vieille peau qu'on abandonne quand vient le jour. Il y règne une odeur de friture. Les reliefs du week-end dernier baignent encore dans l'évier du local commun. Le frigo contient les restes de dissection que les vétos ont déposés là, au milieu des goûters des matheux. Les dalles du couloir sont décollées par endroits et jaillissent de terre pour faire buter les étudiants mal réveillés. Vous vous attendez à chaque instant à voir un macchabée finir de détacher la dalle et se hisser sur la terre ferme de ce second étage. Son corridor recèle des trésors. Une de ses fenêtres laisse entrevoir la perspective du château. Une autre surplombe les platanes de la cour. Une de ses portes donne sur la salle d'eau et cache pudiquement les corps nus de jeunes hommes trop ivoirins. Vous aimez la poussière qui règne en ces lieux. Dès le ménage annuel de septembre, elle conquiert peu à peu l'ensemble de l'espace. Elle gagne le moindre interstice des parquets en plastique. Puis elle grimpe sur les murs et recouvre le plafond.

Oui, l'internat est le royaume de la saleté. Mais vous tenez à cette crasse. Elle fait partie de vous. Elle est la licence qui permet à tous les pensionnaires de se sentir libres. Elle est la condition du bonheur. Vous n'en doutez pas. C'est la négligence des lieux qui permet aux autochtones de se négliger eux-mêmes. Ils peuvent laisser leur corps à l'abandon, comme les murs qui les abritent. Ainsi, ils peuvent ne prêter aucune attention à leurs vêtements, leur coiffure et tout ce qui relève de l'apparence. Ils ignorent toutes ces choses inutiles et ne les jettent qu'avec plus d'ardeur sur le feu. À quoi sert de passer dix minutes devant son miroir à aligner les mèches querelleuses ? Et le quart d'heure à se raser au-dessus de l'évier ? Vous le ferez demain, ou après-demain. Peu importe. Vous négligez toutes ces illusions sociales qui font apparaître l'homme civilisé. Elles ne vous servent à rien ici. Comme votre âme...

Et tant pis pour ces livres qui pourrissent sur le bureau ! Vous voulez vivre ! Alors, vous vivez ! Et vous ne vous en portez pas plus mal. Vous vous concentrez mieux. Vous vous croyez plus intelligent. La passion devient votre drogue. Elle est le moteur de toutes vos nuits. Vous ne pourriez sinon accepter de sacrifier tout ce temps à l'étude. Qui le pourrait ? Vous ne disposez pas en tout cas de cette force... Vous vous passionnez. Au début, vous le faites un peu artificiellement. Vous percevez déjà un intérêt, mais il ne suffirait seul à vous forcer à aller plus loin. Bientôt, ce penchant tombe brutalement et cède la place à un abandon complet. Vous vous perdez une fois encore dans les méandres de votre pensée. Votre hypophyse s'excite et commande tous vos mouvements. Vous n'êtes plus vous-même et c'est tant mieux ! Alors seulement vous pouvez bâtir des empires. Vous construisez de vos mains des cités d'allégresse. Vous pensez que ces rêves sont illusoires ? Vous avez peut-être raison... Sodome ne s'est pas faite en un jour, mais défaite, oui ! Cela vous gêne ? Non ? Dans ce cas, poursuivez ! Continuez à errer dans ce couloir étroit ! Prolongez les visites chez votre voisin ! Vous travaillerez plus tard. Vous n'œuvrerez que mieux... En attendant, profitez du lever de la lune. Elle ne se dresse qu'une fois par jour. Qui a dit que la nature a disposé l'humanité de telle sorte qu'elle s'accomplit non pas dans l'individu mais dans l'espèce ?

Il est des paroles qui peuvent être prononcées indifféremment dans l'une des deux bouches tant elles sont proches. Vous les appréciez beaucoup. Vous avez besoin de vos esprits qui se croisent. Vous ne pourriez survivre sans quelqu'un qui vous pousse à être meilleur. Vivre libre, c'est souvent ne pas vivre seul. La vraie liberté est celle qui naît dans les chaînes. Le poète qui compose son sonnet goûte la liberté offerte par les règles rigides qui s'imposent à lui. Il n'y a pas de création sans contrainte. La classe préparatoire se veut le paroxysme de cette servitude. Et pourtant vous êtes libre. Tant que vous ne passez pas les portes de l'établissement, vous êtes libre. Tant que le monde extérieur ne vous a pas à nouveau happé, vous êtes libre. Et vous jouissez de l'empire de tout cet affranchissement !

Il est des êtres qui, en faisant tout pour être désagréables, arrivent quand même à être gentils. C'est encore le tragique. Il suffit de retourner les puissances destructrices. Vous avez chéri Antinoüs. Nathanaël aussi. Le prochain ? Vous le savez. Vous rêvez. Tout n'est que littérature. Entre l'Hadrien de Yourcenar et André Gide, quelles différences ? Toutes ces variations se déclinent entre les corps. Absence d'une présence. Mort d'une carence. L'eau devient écarlate. Bon sang, faites quelque chose ! Vous reprenez ce livre qui vous a tant ému. Vous retrouvez les empreintes laissées les soirs de soupirs. Vous aimez cette œuvre. Ses mots vous terrassent. Quelle révélation ! Vous tremblez ? Mais pourquoi donc ? Qu'est-ce qui vous prend ? Ce ne sont que des lettres. Allons donc ! Ces lignes vous plaisent, et alors ? Votre corps réagit... Tant mieux. L'écrivain en serait fier. Quel miracle ! Pouvoir effleurer un jeune lecteur des dizaines d'années après sa mort, quel prodige ! Vous ne vous en remettez pas ? Qu'y a-t-il d'étonnant à ce qu'un ouvrage soit passionnant ? Cela vous gêne visiblement. Mais vous confondez passion et sentimentalisme. Détendez-vous et poursuivez votre lecture.

Encore une objection ? Alors, posez le livre et allez en cours de géographie. L'enseignante est déjà à son bureau et vous attend pour fermer la porte. Vous vous asseyez. Elle débute son cours. C'est une grande femme mince d'une cinquantaine d'années qui sait très bien ce qu'elle veut. Et elle veut des admis à Ulm. Elle vous entraîne pour le commentaire de carte. C'est toujours l'occasion d'obtenir des anecdotes croustillantes sur ses voyages. Elle collectionne les *Guides du Routard*. Les marmottes américaines et les piroguiers guyanais sont entrés dans son panthéon. La nuit est déjà tombée. Les jours raccourcissent et les cours s'achèvent alors que la lune pare déjà l'horizon. Vous vous levez et vous vous couchez dans le noir. Toute la journée, vous êtes retenu dans l'obscurité de la salle de cours. Vous ne voyez plus la lumière et cette absence pèse sur votre mental. La géographe tient donc à vous installer autour d'un feu de camp pour vous conter ses histoires. Elle se passionne pour ses propres souvenirs. C'est assez plaisant. Vous l'adorez. Cependant, aujourd'hui, le cours prend une tournure différente. Elle parle de la natalité. Vous ne savez pas trop pourquoi. Les naissances sont l'opportunité d'évoquer les avortements. D'ailleurs, pendant son voyage en Chine, on lui a raconté comment les femmes de ce pays s'y prennent. Elle souligne que la situation là-bas est similaire à celle de la France il y a un demi-siècle. Les méthodes traditionnelles n'ont disparu que récemment. Les jeunes filles disparaissent derrière leur table. Les garçons verdissent : elle ne va pas oser... Trop tard, elle a déjà posé la question rhétorique : « Avez-vous une idée de comment faisaient nos grands-mères ? » Elle ne semble pas vouloir comprendre que vous préférez l'ignorer. Rien ne l'arrête. Elle mime déjà le geste de l'aiguille à tricoter. Là, elle fait très fort ! Heureusement, la fin du cours approche et elle invite son auditoire à demander plus de précisions au prochain repas familial. Vous n'y manquerez pas.

Vous avez eu votre compte. Revenez à cet ouvrage qui vous passionne. Allongé sur votre lit, sa musique vous charme. Vous vous laissez voguer entre deux corps. Votre imaginaire se déploie dans tout l'espace de votre chambre. Une fois de plus, vous vous retrouvez sur la colline de Fiesole. Il fait toujours aussi beau. Pas l'ombre d'un nuage à l'horizon. Le sol se dérobe sous vos pieds. Vous chutez vers le haut. Le soleil vous brûle. Vous le savez bien, n'est-ce pas ? Vous vous enflammez vite. Vous êtes ainsi. La passion embrase tout votre être. Vous partez dans un voyage autour de la mer. La croisière vous enchante. Vous reviendrez demain ou plus tard. Peu importe, puisque vous êtes passionné...

Premières caresses

« M. de Coëtquidan jouissait d'un grand prestige auprès des chats. Il savait les caresser à la naissance de la queue, entre les pattes, etc., toute une façon de patiner les chats qui n'est guère connue que des célibataires. Il les rendait fous. »

HENRY DE MONTHERLANT,
Les Célibataires

VOUS êtes assis à votre bureau et vous voguez sur l'hyperplan des polynômes de rang *n*. Vous trébuchez sur leurs racines qui vous entraînent dans les profondeurs de l'algèbre. Vous dérivez machinalement vos rêves à tous les ordres. Vous vous placez en un point de l'espace et vous regardez aux alentours. Où que vous vous tourniez, tout est positif. Vous allez pouvoir croître vers les sommets désirés. Vous touchez maintenant la quiétude de l'homme qui a résolu ses problèmes. Il ne vous reste qu'un effort à consentir pour aboutir. Vous contemplez l'intervalle qui vous sépare encore de la limite. Vers où vous dirigez-vous ? Vous n'avez pas de certitude. Le corps du polynôme que vous déchiffrez avec vos doigts vous surprend par sa douceur. Il n'est pas docile, mais cela vous plaît. Il se débat souvent, cela ajoute une tension à votre plaisir. Parfois, il intègre une bijection et est projeté sur un espace inconnu. À vous de le déterminer. Parfois, on le cloisonne dans une matrice. On enferme le polynôme dans une dimension qui n'est pas la sienne. Il se plie pourtant souplement à la transformation. Vous ne le forcez même pas. En un instant, il est devenu matrice.

Alors vous prenez dans vos mains la matrice et cherchez à discerner sa trace. Vous vous demandez quel est son déterminant, de peur qu'elle vous échappe. Vous respirez plus fort et engagez sa diagonalisation. Vous ne savez pas encore qu'il existe un polynôme caractéristique qui vous épargne les fastidieux calculs. Vous vous lancez et caressez toutes les lignes de la matrice. Vous la retournez et parvenez enfin à en saisir la clé. Ses valeurs propres apparaissent. Le corps à corps touche à sa fin. La matrice a dévoilé tout ce qu'elle cachait en elle, du moins pour l'instant. Mais vous avez encore un plein stylo d'idées à expérimenter. Voudra-t-elle bien les subir ? Vous ne lui laissez pas le temps de la réflexion. Vous joignez ses colonnes. Vous les retranchez. Ses vecteurs propres sont ainsi rapidement mis au jour. Vous avez pénétré l'âme même de la matrice. Vous venez de saisir ce qui la composait. Vous comprenez ce qu'elle est et pourquoi elle a été bâtie ainsi. Le plaisir qui en résulte est immense. Il dépasse de loin les vicissitudes de l'amour des corps. Vous vous sentez plus grand d'un orgasme mathématique. Ceux qui n'y ont pas goûté ne comprendront jamais.

Pas de doute, vous voilà prêt pour le devoir du lendemain. Vous redoutez les vendredis soir. Ces heures où, après une semaine de ritournelle sur un même sujet, vous devez encore vous immerger dans vos livres et tout reprendre. C'est souvent là que vous découvrez vos incompréhensions, vos oublis. Tandis que le sommeil vous gagne, vous percevez que vous êtes passé à côté des difficultés. Il vous faudrait tout reprendre. Mais vous n'avez plus le temps. L'angoisse vous gagne. Vous frottez nerveusement votre crayon sur le brouillon et cherchez à y faire apparaître des réflexions miraculeuses. Pourtant, le papier reste insensible à ces caresses. Vous avez beau le noircir entièrement, le cours posé à votre droite n'en semble pas plus clair. Sans que vous le leur enjoigniez, vos pieds se mettent à tapoter le sol. Une pression chaude apparaît dans votre abdomen. Votre esprit vagabonde à chaque seconde. Vous couvrez la feuille de dessins ridicules sans que la main qui les trace en ait le moindre commandement. Ce sont toujours les mêmes symptômes... Vous vous reprenez. Vous tentez de rassembler vos connaissances. Dans un mouvement dialectique, vous essayez de les soulever pour les dépasser. Toutefois, l'*Aufhebung* hégélienne ne fonctionne pas toujours les veilles de devoir. Parfois, vous restez en bas, tout penaud devant vos bribes de savoirs incompris. Mais ce soir, vous progressez. Chaque seconde vous porte vers un degré de perfection plus élevé. Le devoir de mathématiques clôt la danse des épreuves du samedi matin de ce premier semestre. Suivront le concours blanc et son florilège de détresses. Mais c'est un autre chapitre de votre vie de khâgneux. Vous verrez plus tard. Il sera bien temps d'aviser... Ce soir, vous ne souhaitez qu'une chose : voir le soleil se coucher le lendemain sur l'algèbre linéaire.

Vous poursuivez vos révisions malgré la fatigue qui vous traverse. La khôlle de lettres de l'après-midi vous a laissé des séquelles. Le khôlleur a craqué. Vous aussi. Quentin vous avait raconté son expérience avec ce jeune homme. Courte, mais intense. Il en gardait un très mauvais souvenir. L'interrogateur de français était resté bloqué sur une image du texte que Quentin avait analysé. Au cours de ce passage, Voltaire accordait une phrase de description à une fontaine. Le khôlleur a tourmenté Quentin sur cet énoncé pendant les dix minutes de reprise. Quentin désespérait de comprendre ce que le chasseur de métaphores discernait derrière cette ligne noyée au milieu d'un océan de style. Le correcteur s'est énervé, soulignant que c'était évident. Que lorsqu'un auteur écrit le mot « fontaine », c'est à un autre geyser qu'il pense. L'eau qui coule doucement de sa bouche est plus blanche que ne veut bien le dire l'écrivain. C'est inévitable. Quentin est resté perplexe sur la pertinence de cette analyse et sur l'importance que semblait lui accorder le jeune homme. L'étudiant angélique s'est vu reprocher sa pureté par un khôlleur névrosé qui croyait l'avoir ainsi défloré. Est-ce vraiment la peine de s'arrêter sur une fontaine quand le corps du texte en entier est d'une grande richesse ?

Vous vous rendez à cette khôlle dans des dispositions plus que bienveillantes. Vous êtes décidé à trouver des allusions sexuelles à tout prix. S'il n'y a que cela pour lui faire plaisir... Le moindre jet d'eau, le moindre frôlement deviendra érotique. La mention d'un pied, d'un œil, d'un bout de chair, tout peut être lu comme tel. Il veut du grivois, il en aura ! Quitte à passer pour encore plus pervers que lui... Et puis, une bonne note ne ferait pas de mal à votre moral. Dénicher quelques connotations libertines ne doit pas être très difficile. En entrant dans la salle pour retirer le sujet, vous êtes donc très motivé.

Quand vous voyez le texte, vous êtes presque déçu. Rien de graveleux, pas la moindre allusion ou coulée de liquide. Vous n'auriez eu aucun scrupule à détourner un peu le texte pour satisfaire les penchants de ce littéraire. Vous êtes presque chagriné de ne pouvoir lui apporter votre aide dans sa détresse. Le pauvre garçon ! Un esprit si mal tourné... Vous rédigez une étude linéaire du passage en mettant en avant les techniques romanesques. Rien de très brillant, mais un travail honnête. Vous le lui exposez en vingt minutes. Votre débit n'est ni trop lent, ni trop rapide. Une réussite, en somme. L'examinateur semble conquis. Il vous regarde d'un air gai. Il s'apprête à faire la reprise. Il commence par souligner qu'il y a de l'idée. C'est toujours mauvais signe quand le khôlleur commence par un point positif... Mais il regrette que vous ayez manqué totalement un aspect du texte. Il vous demande de revenir sur la phrase clé : « Elle pénètre dans l'église. » La phrase clé ? Vous ne voyez pas en quoi elle importe. Ces cinq mots au milieu du second paragraphe n'ont vraiment que peu d'intérêt. Que va-t-il encore inventer ? Il laisse un silence et se lance. Dans cette phrase sont condensés plusieurs siècles des relations ténébreuses entre religion et sexualité. Il prononce chacun de ses mots en cherchant à percevoir son effet sur votre visage. Visiblement, vous paraissez incrédule. Il vous explique : l'emploi du verbe « pénétrer » n'est pas anodin. L'auteur aurait dû écrire « entrer » ou « s'introduire ». S'il a choisi « pénétrer », c'est forcément pour la représentation sensuelle de ce verbe et l'antithèse avec le lieu saint. Étonné, vous lui demandez si d'autres indices dans le texte confortent cette lecture. Il vous répond enchanté que non et que c'est ce qui est le plus fort. Grand seigneur, il vous met quand même la moyenne. Vous le quittez, perplexe sur son état psychique et affectif. Aucun doute, ce jeune homme a des rapports particuliers au corps et à la littérature. Les mauvaises langues évoqueront une frustration secrète. Vous refermez la porte de la salle de khôlle et explosez d'un rire trop longtemps contenu.

La religion n'a jamais été votre fort, mais là, c'est décidé, vous ne pénétrerez plus jamais dans une église. Vous vous y introduirez, sans doute. Vous y entrerez.

Quoique vous ne voyiez pas très bien la différence. Les problèmes intimes des lecteurs vous fascinent. Surtout quand ils se pensent littéraires. Non pas que vous leur refusiez un sens critique, mais ils confondent souvent leurs problèmes et ceux de l'ouvrage. Le lecteur est plus pervers que l'écrivain. Il projette ses propres phantasmes sur les personnages ou, pire encore, sur le narrateur. Vous en êtes persuadé et cela vous inquiète parfois.

Toutes ces émotions vous ont fatigué. Et ce soir, vous attristez les polynômes. Ils vous montrent leur mine chagrinée. Tout devient sombre. Vous vous êtes grisé du jus de leurs racines. Vous en avez abusé. Assez ! Il est temps de passer par la salle d'eau. Cela vous éclaircira les idées. Quentin vient d'éteindre la musique. C'est le signe qu'il a fini lui aussi de réviser l'algèbre. Vous attrapez une serviette et frappez à sa porte. En une seconde, vous et lui êtes dans les douches. Vous déposez vos habits dans un coin de la pièce et investissez l'autre. Tout va commencer. Vous respirez une dernière fois, d'un souffle haletant. Le robinet rouillé est tourné. Un flot brûlant descend vers votre tête et vous apaise. L'eau coule le long de vos muscles et cache votre nudité. Vous passez la main dans vos cheveux et conduisez le liquide vers votre nuque. Vous l'amenez sur votre visage, puis sur vos bras. Vous bombez le torse pour qu'il soit sous le jet de la douche. Puis vous restez immobile sous le ruissellement et savourez longuement toutes les gouttes qui tombent du firmament de la salle. Quentin opère les mêmes mouvements. Une fois de plus, il vous sourit. Il raconte son combat avec ces moulins que sont les matrices. La chaleur du liquide sur votre gorge vous stimule. Les grains d'eau qui s'écrasent contre le sol couvrent presque les paroles de Quentin, mais vous devinez les mots sur ses lèvres. Ses yeux verts se posent sur vous délicatement et vous demandent votre pronostic pour l'épreuve du lendemain. Il a empli sa main d'un savon dont il frotte énergiquement ses joues. Puis il vous tend le flacon, traversant en une seconde le mètre cinquante qui vous sépare de lui. Vous coupez l'eau. Vous serrez le pouce et l'index et formez un creux dans votre paume pour recevoir le liquide que vous étalez sur votre visage et votre buste. Pacifié, vous passez vos doigts savonneux sur tous les recoins de votre corps. Puis vous ouvrez de nouveau la douche. Une averse ardente nettoie votre peau puis bondit sur le carrelage. Toute la poussière de votre âme meurt dans les carrefours de tuyauterie de l'internat. Ce torrent vous lave définitivement de vos doutes et de vos hésitations.

Désormais, vous savez ce que vous voulez. Qui vivra verra. Quentin a presque fini et vous fait signe de vous presser. Vous attrapez rapidement votre serviette et la passez énergiquement dans vos cheveux. Puis vous séchez vos membres et rassemblez vos vêtements. Vous ne vous remettrez pas aux mathématiques après cet instant de détente et d'abandon. De toute façon, vous êtes au point. Le voile aqueux ne cache plus votre chair déshabillée et c'est tant mieux. Vous regagnez votre chambre et vous vous jetez sur votre lit. Vous êtes rapidement rejoint par le jeune fauve. Il semble profondément désirer vos câlins ce soir. Il vous laisse masser son ventre. Ses pupilles d'émeraude vous observent tendrement. Elles vous émerveillent. Vous passez la main dans ses poils. Vous caressez son dos. Il est si doux. Le fauve ronronne. Vous vous allongez à ses côtés. Il pose sa tête sur votre épaule. Peu après, vous vous endormez contre lui. Heureux.

Première déprime

> « De toute façon, mon livre, je vais le finir parce qu'il faut le finir, mais je sais déjà qu'il ne vaut rien. Ce n'est pas encore maintenant que je pourrai raconter ce voyage, il faut attendre encore. »
>
> JORGE SEMPRUN, *Le Grand Voyage*

VOUS avez passé la nuit dans un wagon avec Semprun. Vous avez entrevu l'enfer l'espace d'un instant et son image est restée imprimée sur votre rétine. Comment auriez-vous pu dormir après cela ? D'autant plus que dans deux jours commence le premier concours blanc de cette année de khâgne. Il va vous falloir tout votre esprit. Et il ne suffira peut-être pas. Vous vous retrouvez face à l'éternelle question à laquelle personne n'a la réponse : « À quoi sert ma vie ? » Vous reprenez le livre. Votre main tremble lorsque vous tournez les pages. Il est des choix qui dévorent une vie. Vous saisissez la veulerie de votre existence. À quoi bon continuer à fournir tant d'efforts puisque rien ne les couronnera ? L'École normale supérieure d'Ulm n'accueille que vingt-quatre khâgneux scientifiques chaque année. Et vous êtes plus de soixante, rien que dans votre lycée. Vous avez toujours aimé les causes perdues.

Quentin déprime aussi. Une épidémie de morosité touche tous vos camarades. Tous arborent des cernes. Rien d'étonnant à cela. Les sept épreuves approchent. Chacun est trop conscient qu'il s'agit là d'une répétition générale. Le jour où il faudra briller pour la dernière fois semble proche. Or, en ce mois de décembre, personne n'est prêt, bien sûr. Alors, tout le monde s'affole et inquiète les autres. Vous êtes de ceux que les bibliographies interminables désespèrent. Vous ne pourrez tout lire. Comment allez-vous faire ? Vous réduisez votre temps de sommeil. Vous puisez de précieuses secondes dans toutes les activités quotidiennes qui s'en trouvent réduites d'autant. Vous ne vous brossez plus les dents que le soir. Certains ne se douchent qu'un jour sur deux. Les malheureux qui résident à plus d'un quart d'heure de transport du lycée sombrent dans la folie. Ils sont hors jeu. Ceux qui habitaient encore chez leurs parents parisiens se sont résolus à déménager dans une chambre chez l'habitant plus proche du lycée. Vos instants de détente sont plus courts et d'autant plus intenses. La gorgée d'eau avalée entre deux chapitres ou la bouffée d'air frais dans le couloir en allant aux toilettes vous deviennent chères. Seules vos maigres heures de sommeil subsistent dans cet océan de labeur dérisoire. Ce moment où vous vous abandonnez à vos rêves demeure l'unique évasion hors de ce monde aliéné. Mais Semprun est venu troubler cette dernière quiétude. À l'heure où vos camarades dorment, vous êtes dans ce wagon où règne la mort et vous n'avez aucun moyen de vous échapper. Il n'y a pas d'autre issue que la tombe, ou plutôt la fosse. Vous ne pouvez fermer l'œil. Le bruit des rails vous obsède. Vous vous effondrez au milieu du wagon. Semprun essaie de vous retenir. Mais il est trop tard. On ne quitte pas un tel wagon.

Le concours blanc a commencé son requiem. Des heures macabres passées sur des copies blanches. Rien à voir avec une bacchanale. Vous enchaînez les épreuves. Vous avez peiné en histoire. La bienveillante perfidie de l'enseignante a été jusqu'à vous faire réfléchir sur « L'homme providentiel en France de Boulanger à nos jours ». Vous qui avez arpenté l'ensemble du programme dans tous les sens, vous vous êtes trouvé déstabilisé par ce sujet novateur. Vous doutez de la qualité de votre travail. Vous ne pensez pas avoir la meilleure note cette fois-ci et votre moral s'en ressent. Vous broyez du noir. Vous comptez les épreuves qui vous séparent des vacances. Tout passe si vite. Bientôt, ce sera l'épreuve finale et vous êtes loin d'être mûr pour un tel choc. Il faut encore vous préparer. Ce matin, vous plancherez sur la philosophie et cette perspective n'est pas pour vous réjouir.

Vous avancez péniblement vers la salle de composition. Des camarades sont déjà à table et n'attendent plus que le menu du jour. Leurs stylos sont placés de part et d'autre de leur copie, assiette vide et déprimante. Dans un coin se dresse une petite bouteille d'eau. Partout sont disposées des sucreries colorées et des biscuits chocolatés en une profusion nécessaire pour dissimuler le vide qui règne encore dans les esprits. Vous vous installez au fond de la salle. Il y reste une place. Vous contemplez devant vous la forêt angoissée de vos confrères attendant impatiemment l'annonce du sujet. Vous partagez la salle avec les hypokhâgneux. En tout, près d'une centaine d'élèves tremblotent en silence. Khâgneux et hypokhâgneux sont intercalés sur un échiquier compréhensible des seuls surveillants et souffrent sur des matières différentes pour éviter les tentations. Les deux professeurs concernés se sont mis d'accord pour se répartir le temps de surveillance. Ce matin, le philosophe n'arrivera qu'à l'issue des trois premières heures. C'est l'historienne qui vous annonce la question à traiter. Elle l'a reçue la veille, tard, par un coup de téléphone de son collègue.

Elle est très fière de cette tâche qui marque tout le crédit que lui témoigne l'enseignant. C'est donc avec un grand sourire qu'elle inscrit au tableau : « Toute sculpture est-elle capable d'un savoir ? » Elle lance un dernier « Bon courage ! » et plus personne n'ose troubler la tranquillité effrayante qui règne dans la pièce. Les soixante machines ont débuté leur programme de six heures. L'énoncé est décortiqué, chaque terme pesé. Une sculpture capable d'un savoir ? Comment est-ce possible ? Après un cours sur la connaissance, pourquoi le professeur a-t-il choisi un problème si tordu ? Vous n'y comprenez rien. Une sculpture ! qui aurait accès à la science ? N'importe quoi ! C'est incompréhensible. Il faut saisir le problème que le philosophe a voulu mettre en lumière. Et pourtant, tout reste obscur... Vos pensées défilent et le temps passe. Vous n'avez encore rien écrit ! Reprenez-vous ! Ce sujet est vraiment absurde... Certes, c'est de la philosophie. Mais il y a des limites... Il existe sans doute une signification cachée. Vous devez la trouver. Le mécanisme se met en place. Les rouages sont bien huilés. Les idées tournoient. Vos pensées fument. Vous qui, quand vous n'avez rien à dire, vous taisez, êtes devenu bavard par nécessité.

Vos voisins déploient des montagnes d'ingéniosité pour repérer des problèmes à discuter. Au bout d'une heure, alors que vous venez de trouver un plan, Quentin se lève et se dirige vers le bureau magistral. L'historienne est plongée dans la lecture d'une revue. Votre ami la regarde dans les yeux et a le courage de lui déclarer que le sujet de philosophie est stupide. Il y a forcément une erreur. Le professeur de philo est blagueur, mais de là à donner un tel sujet... Un doute terrasse soudain la surveillante cultivée. Et si elle avait mal compris l'énoncé ? Elle ordonne à Quentin de se précipiter à la cabine téléphonique pour demander la confirmation du maître tout en lui taisant que c'est elle qui l'envoie. Comme s'il était normal qu'un élève appelle son professeur à son domicile au milieu d'une épreuve de six heures ! Par chance, Quentin le trouve encore chez lui. Le philosophe s'esclaffe bruyamment quand l'étudiant lui dévoile l'intitulé inscrit sur le tableau noir. Sa collègue a ajouté deux lettres désopilantes au second terme de la phrase. L'interrogation ne portait pas sur une sculpture, mais sur la culture. Quentin revient dans la salle, efface énergiquement le tableau devant l'enseignante médusée et y écrit fièrement : « Toute culture est-elle capable d'un savoir ? » L'historienne ne parvient pas à retenir un petit rire sec. Elle trouve très drôle sa méprise. Mais, tout à coup, elle s'arrête net. Elle vient de s'apercevoir que soixante regards noirs sont posés sur elle. Des yeux haineux imaginent des châtiments plus cruels et douloureux les uns que les autres. D'ici une seconde, un élève va s'élancer sur elle et commettre un forfait. Et ce sera peut-être vous. Le silence devient pesant. Elle se cache derrière sa revue et cherche à se faire oublier. Le philosophe, arrivé une demi-heure plus tard, vous accorde une heure supplémentaire. Mais il faut tout reprendre et vos nerfs sont à vif. Sept heures après le début de l'épreuve, vous vous échappez enfin de la salle. C'est presque l'heure du goûter et vous n'avez jamais été si affamé. Vous vous écroulez sur votre lit et éclatez d'un rire nerveux.

Le lendemain, vous devrez affronter la dissertation de lettres. Pour vous préparer, vous apprenez par cœur des citations. Vous avez toujours aimé ces petits fragments d'intelligence. Ces parcelles de génie qui réveillent en vous quelque chose de connu. Vous ne parvenez pas à discerner ce qui produit cette sensation étrange. Mais une étincelle s'est allumée et vous avez entrevu la lumière d'un esprit. Vous n'avez jamais lu la formule et pourtant vous la reconnaissez. Elle vous appartient maintenant que vos yeux se la sont appropriée. En fait, elle vous a toujours appartenu. Elle n'a été écrite que pour vous.

Vous lisez et relisez les mêmes phrases en espérant les inscrire dans votre mémoire. Vous oubliez une virgule, un point d'interrogation. Vous récitez des vers. Vous reprenez l'incipit. Roman. Poésie. Théâtre. Vous parcourez la littérature dans tous les sens. Vous l'embrassez des deux côtés. Elle vous embrasse en retour. Le génie de Proust vous subjugue. Vous appréciez beaucoup Valéry. Quel que soit le sujet, il a toujours écrit un petit quelque chose qui s'y rapporte. Vous ne manquez jamais de le citer. Et puis, il y a les inconditionnels des dissertations. Ceux qui ne sont connus que du public lettré. Les poètes que vous adorez. Jacques Dupin hante tous vos travaux. Son sang irrigue toutes vos copies. Il revient chaque fois quand vous ne l'attendez plus.

Vos pensées vagabondent encore un instant. Vous émergez peu à peu de votre voyage baudelairien. Quentin vient de s'introduire dans votre chambre. Au premier coup d'œil, vous remarquez que ses yeux brillent. Les émeraudes sont devenues rouges. Il semble désespéré. Vous restez immobile. Il s'assoit à vos côtés. Il a besoin de parler. Il hésite, puis renonce. Il vous demande un livre et vous laisse terrorisé dans cette chambre muette. Il vous est apparu si désemparé. Et vous n'avez soufflé mot. Vous étiez trop surpris par son intrusion. Vous n'avez pas eu le temps de réagir. Vous pensiez qu'il allait vous expliquer, que vous lui offririez votre aide et réaliseriez tout ce qui était en votre pouvoir. Mais non, il est demeuré silencieux. Vous ne pouviez pas le forcer à devenir loquace... Oui, mais vous auriez pu le mettre en confiance ! Il a sans doute eu l'impression qu'il vous dérangeait... C'était effectivement le cas ! Et alors ? Il sait qu'il peut avoir confiance en vous. Il peut tout vous dire. Vous êtes prêt à tout entendre.

Qu'est-ce qui peut bien l'avoir conduit à cet état ? Ses parents ? À moins qu'il n'ait raté l'épreuve de ce matin. Les longues heures de concentration vous ont mis les nerf à vif, à vous aussi. Sans doute craint-il de ne pas tenir la première place cette fois-ci. Il est plus difficile de perdre une place quand on est premier que quand on est second. Quentin n'a pas voulu vous embarrasser avec ses doutes. Comment ne pas lui en être reconnaissant ? Quel soutien pourriez-vous lui offrir ? Vous décidez de vous rendre dans sa chambre pour lui proposer votre épaule. Vous sortez dans le couloir. Sous la porte de votre voisin, vous percevez les ténèbres qui recouvrent la pièce. Vous retournez sur votre lit, déterminé à ne pas troubler son sommeil. Égaré, dans le noir, Quentin pleure.

Premiers serments

« Il n'y a qu'une chose qui compte en ce monde : l'affection qu'on a pour un être ; pas celle qu'il vous porte, celle qu'on a. »

HENRY DE MONTHERLANT, *Les Garçons*

IL vient toujours un temps où il faut s'engager. Prendre une direction bien définie, quitte à foncer dans le mur. Regrets. Remords. Repentir. Il est des décisions qui dévorent une vie ! Et vous ne devez pas les prendre à la légère ! Rien n'est plus terrible que de trépasser en se rendant compte qu'on s'est trompé. Que toute son existence n'a été qu'une erreur, un vaste mensonge. Ce serait terrible ! C'est pourquoi vous mettez parfois un temps incroyable à vous décider. Vous voulez pouvoir vous dire au seuil de la mort que vous avez bien fait, que vous ne regrettez aucun de vos choix. Et ce sera sans doute le cas. Alors vous vous sentez heureux. Profitez-en ! Quelles raisons avez-vous de vous plaindre ? Au retour des vacances de Noël, on vous a rendu les copies du concours blanc et vos résultats sont bons. Certes, les véritables épreuves approchent. Rien ne vous déchargera du poids de cette échéance. Rien ne vous sauvera. Mais qu'avez-vous à craindre ? Qu'y jouez-vous ? Votre vie ? Vous survivrez ! Le temps passe vite. La fin est proche et, dans quelques mois, tout sera fini.

Aujourd'hui, vous devez passer à l'administration. Vous allez signer et rendre le dossier d'inscription pour les concours. Les paperasses requises sont incroyables. Le plus risible est la photocopie du baccalauréat. Comme si un élève de prépa pouvait ne pas avoir en sa possession le précieux sésame ! Quoi qu'il en soit, si votre dossier ne comporte pas cette copie, il sera refusé. Alors tout le monde cherche dans ses vieux papiers. Les provinciaux sont retournés chez eux pour retrouver ce document que leurs parents ne parvenaient pas à dénicher dans les tiroirs de leur chambre d'enfant. Mais le baccalauréat est la première et la plus simple des pièces à fournir. L'attestation de recensement se révèle vite plus problématique. N'avez-vous pas jeté à la poubelle ce petit récépissé ? À cette pensée, vous frémissez. Que ferez-vous si c'est le cas ? Peut-être n'aurez-vous pas le droit de vous présenter aux épreuves finales ? Fort heureusement, vous avez découvert l'imprimé sous une pile de vieux magazines. Vous avez rempli les formulaires, échappé à leurs pièges et signé l'engagement décennal. Ce dernier point est capital. Quel serment ! Vous avez promis de travailler dans la fonction publique pendant dix ans si vous étiez accepté à l'École normale supérieure. On ne s'engage pas pour si longtemps à la légère. C'est presque déjà consentir à devenir enseignant et renoncer aux salaires qu'on aurait pu vous proposer dans le privé. Tant de peines, de peurs et de pleurs pour une paie de misère ! Quel scandale ! Bienheureux ceux qui échoueront aux concours et qui se retrouveront sur les bancs de Sciences-Po, puis prépareront l'ENA. Ils auront du pouvoir, une belle voiture et une grande maison. Certains même une femme aimante. Alors parfois vous hésitez sur votre vocation enseignante. Mais vous vous dites que tous ces clichés vous dégoûtent et que vous êtes un être désintéressé. C'est vrai, qu'y a-t-il de plus beau qu'être désintéressé ?

Vous vous rendez donc au bout du couloir dans la cellule qui abrite le secrétariat des classes préparatoires. Vous entrez fièrement, votre dossier sous le bras. Vous avez frappé avant de vous introduire et pourtant personne ne semble s'apercevoir de votre intrusion. Les deux secrétaires sont penchées sur leurs bureaux et paraissent plongées dans une léthargie profonde. Elles sont immobiles et vous ne parvenez même pas à détecter le bruissement d'une respiration. Leurs figures sont cachées sous une touffe de cheveux décolorés. La plus jeune daigne enfin lever la tête vers vous, soupire et vous lance un rocailleux « C'est pour quoi ? ». Sur ces mots, sa collègue sort de sa torpeur et vous scrute d'un œil malveillant. Vous esquissez un sourire et tendez timidement les formulaires. La vieille femme vous les arrache presque de la main. Elle parcourt la liasse feuillet par feuillet en lisant à voix haute les informations, pourtant personnelles, que vous y avez apposées. Sa collègue l'écoute attentivement en vous dévisageant du coin de l'œil.

Soudain, Benoît entre dans la pièce. Lui aussi vient remettre son dossier. La première secrétaire lui indique d'un ton aigre qu'elles sont occupées et qu'il doit attendre à l'extérieur. Il ressort tout penaud. L'inspection de vos papiers se poursuit. La seconde secrétaire encourage sa compagne : « S'il manque un papier, le proviseur adjoint va nous tomber dessus. » C'est toujours leur faute ! Comme si elles pouvaient tout contrôler ! Et puis, l'adjoint est buté, borné et bête. Heureusement qu'elles sont là, sinon rien ne fonctionnerait. L'employée parvient enfin au dernier formulaire. Elle est dépitée. Tout est bien rempli et il ne manque aucune pièce. Déçue, elle vous fait signe de partir et lance votre dossier sur une pile au coin du bureau. Vous n'oubliez pas de leur dire au revoir. L'enseignante d'histoire vous a prévenu qu'il fallait être poli avec secrétaires et concierges. Elles ont plein de petits pouvoirs, vous a-t-elle expliqué.

Tous les matins, vous saluez donc la concierge. Cette Joconde taciturne vous regarde passer imperturbablement. Elle ne répond pas, mais un plissement de sa lèvre inférieure vous signale qu'elle vous a vu. C'est sa façon à elle de vous dire bonjour. Cette grimace quotidienne à la tombée du lit vous donne l'énergie nécessaire pour affronter les épreuves qui jalonnent votre journée. Cette babine nerveusement froncée sur un museau asséché parvient, même dans les aurores les plus sombres, à vous arracher un sourire. Oui, c'est sûr... il y a plus à plaindre que vous... Elle ne sortira pas de sa prison de verre de tout le jour.

La concierge s'ennuie dans sa loge. Les seules caresses qu'elle octroie sont celles qui font ronronner son matou. Comme lui, il faut la caresser dans le sens du poil. Elle renvoie chez lui tout élève qui ne lui présente pas sa carte de lycéen. On ne plaisante pas avec les consignes de sécurité. Le jeune étourdi doit retourner au domicile familial pour récupérer le précieux sésame. Sans cela, elle fera barrière de son corps pour l'empêcher de pénétrer dans l'enceinte de l'établissement. En voyant l'écolier distrait rebrousser chemin devant le porche pour aller chercher la carte oubliée, vous êtes plus heureux que jamais d'être interne.

L'internat a d'autres avantages. Outre le temps de transport que vous gagnez sur vos camarades externes, vous avez la possibilité d'aller vous recoucher le lundi matin à l'interclasse du cours de sciences sociales après avoir écouté l'économiste. Il suffit d'un regard complice de Quentin pour que vous remballiez discrètement vos affaires et profitiez de la pause de cinq minutes pour vous enfuir. Vous remontez ensemble à l'internat pour profiter d'une heure de rêve. Vous redescendrez à dix heures pour le cours d'histoire. En attendant, vous jouissez des attraits d'un lit plaisant. Vous prenez soin de régler votre réveil afin de ne pas rater votre second éveil. Vous vous couchez en songeant que tout à l'heure vous aurez le plaisir de saluer une deuxième fois la concierge.

Cette inscription au concours a joué l'effet d'un électrochoc. Jusqu'ici, cette joute n'était qu'une réalité abstraite. Mais ce serment officiel prêté à l'État vous a projeté à cette table à laquelle vous allez plancher sept matins de suite. Et tout cela est à une enjambée de calendrier. Plus qu'une dizaine de semaines avant cette nuit d'avril pendant laquelle vous attendrez le moment de partir pour le centre d'examens. Et vous n'êtes pas prêt. Désormais, plus une seconde ne se passera sans que vous ayez en ligne de mire cet objectif. Réussir. Vous préparer à chacune des tâches qui seront évaluées le grand jour. Étudier. Mémoriser. Réviser. Vous ne pouvez plus vous permettre aucun sursis. Chaque instant doit être pleinement employé. Vous êtes si peu préparé. Approfondissez ! Apprenez ! Absorbez ! Il vous reste tant à accomplir. Avalez ! Assimilez ! Analysez ! Impossible de laisser voguer vos pensées dans un vide apaisant. Il faut emplir votre tête d'une armée de connaissances dérisoires.

Cette détresse vous a rapproché de vos amis. Eux aussi peinent devant leurs manuels. Vous ne pourrez y arriver qu'en faisant cause commune. Ceux qui cachaient des fiches les ont ressorties. Une cohésion illusoire vous lie aux autres. Vous avez même offert certains de vos plans détaillés d'histoire à des camarades désagréables. Quentin a suivi votre exemple et cela a fait taire quelque temps les animosités à son égard. Les khûbes ne lui pardonneront sans doute jamais son succès et ils attendent impatients le verdict du concours. Ils ne cessent de lui rappeler que les élèves surnotés échouant lamentablement aux épreuves ont été légion dans les générations passées. Quentin semble supporter cette pression de chaque instant avec calme, mais vous savez que ce n'est qu'un masque. Il finit par se convaincre que ses résultats sont surestimés et qu'il vaut bien moins que ne le croient les enseignants. Les professeurs désirent tellement obtenir le major admis à l'École normale qu'ils le créent eux-mêmes. Pygmalions de leur protégé, ils obtiennent finalement le contraire de ce qu'ils convoitent. Intégrer, c'est sans doute possible. Mais en tête des six cents candidats triés sur le volet, cela semble surréaliste. Quentin ne se voit pas entrer le premier dans la rue d'Ulm. Il marche trop lentement pour cela. Vous aussi. Alors vous apprendrez à courir, à deux.

Vous vous êtes promis de vous entraider jusqu'à la fin de cet enfer. Vous vous êtes partagé les livres à disséquer. Vous avez mis en commun votre capital culturel. Sa bibliothèque est à vous. Vos notes de cours sont à lui. Sa chambre est à vous. Votre bureau est à lui. Ce n'est rien d'autre qu'un pacte d'assistance mutuelle entre deux khâgneux. Vous avez là un précieux compagnon. Il a réponse à tout. Il sait où trouver la référence désirée. Vous ne pourriez pas vous passer de lui. Même si finalement vous n'avez pas toujours beaucoup de temps à lui consacrer, le sourire échangé au détour d'une porte n'a pas de prix pour vous. Quand, à la nuit tombée, après plusieurs heures de labeur, vous vous décidez à aller le déranger quelques minutes, ces instants donnent vie à la soirée qui vient de mourir. Et si c'est lui qui vient vous voir, attristé, vous vous faites une joie de le réconforter. Vous avez trouvé là un ami pour toujours, c'est certain ! Après de telles épreuves, qu'est-ce qui pourrait briser une telle amitié ? Franchement, vous ne voyez pas. Rien ne vous séparera.

Premiers doutes

> « À force de se concentrer en pensée et d'écrire page sur page, Donatien, dans sa prison, a fini par m'enfermer dans un récit. C'est nous, ceux du dehors, qui sommes emprisonnés par lui. Nos vies, nos souffrances, nos efforts ont été vains. Nous avons vécu, agi, crié, pleuré uniquement pour lui donner matière à compléter son affreux roman. »
>
> MISHIMA, *Madame de Sade*

DOIT-ON se perdre pour mieux se retrouver ? De quoi peut résulter cette renaissance ? Faut-il vraiment peiner autant pour devenir meilleur ? Vous errez une fois encore. Un sentiment de lassitude vous a envahi. Il est temps que tout cela s'achève. Il faut vraiment que vous réussissiez dès cette année. Vous ne vous voyez pas recommencer à nouveau tout ce périple. Les khûbes sont bien courageux. Une troisième année de classe préparatoire ! Douze mois passés à revisiter des ouvrages rebattus dans ce vieux lycée. Vous n'êtes pas persuadé d'avoir ce courage. Vous voulez vous enfuir. Quitter ces limbes intellectuels.

Le temps semble s'accélérer depuis l'inscription au concours, mais pas encore assez à votre goût. Vivement les longues soirées de juillet ! Tout sera fini ! Vous serez libéré ! Mais cela, à une condition : être parmi les meilleurs. Alors vous travaillez et cela vous épuise. Vos enseignants en sont bien conscients et ils essaient maintenant de vous soutenir du mieux qu'ils peuvent. L'administration aussi. Elle a mis en place des séances de détente réservées aux élèves des classes préparatoires. Vous doutez de leur utilité, mais vous vous imposez ces deux heures de repos hebdomadaires.

Elles se déroulent dans une petite salle sombre du sous-sol du gymnase sous l'égide d'une infirmière mystique. Un tapis grisé par les années recouvre le sol et attend que vous y déposiez votre corps. Même si l'hiver touche à sa fin, la nuit tombe encore tôt et les faibles néons, clignotant par intermittence, ne parviennent pas à vaincre les ténèbres qui recouvrent la pièce. Dès que vous arrivez en bas des escaliers, vous percevez du bout du couloir les habits bariolés de la spécialiste. Le lycée paie à prix d'or les services de cette professionnelle de la décontraction, qui dit maîtriser les diverses techniques asiatiques et cite pléthore de patients stressés dont elle a changé la vie. Mais elle a prévenu que chaque individu est un cas particulier et que chacun est son meilleur professeur.

Ce gourou vous fait vous allonger et fermer les yeux. Elle vous demande de vous concentrer sur votre main. Vous n'êtes plus que cette main qui a serré un stylo toute la journée. Vous remontez dans votre poignet, y résidez quelque temps, puis vous dirigez vers votre avant-bras. Vous commencez à vous délasser. Vous êtes si fatigué. Vous tomberiez vite dans une torpeur profonde, si l'infirmière cessait de pérorer continuellement. Qu'elle est bavarde ! Pourtant, le lieu est si calme. Et elle continue à parler de sa voix rauque. Mais il y a pire : son zozotement. De temps à autre, elle prononce un mot d'une manière irrésistiblement comique qui contraste avec son air sérieux d'astrologue.

Vous faites tout pour vous concentrer sur une partie de votre organisme. Mais c'est plus fort que toutes vos inhibitions. Vous allez rire. Vous allez la vexer. Résistez ! Vous bloquez brutalement votre respiration. Vous avalez votre salive. Vous avez finalement vaincu ce spasme quand le garçon qui est allongé à votre droite laisse s'envoler un rire nerveux. Impossible d'y échapper. Tous les élèves pleurent de rire. Chacun est conscient du ridicule de la situation. Puis le silence retombe, comme par respect pour la pauvre femme. Elle reprend son flot de paroles inspirées. Puis s'arrête brusquement. Vous manquez tellement de repos qu'il vous est difficile de ne pas sombrer dans le sommeil. Vous sentez vos muscles se détendre quand, soudain, une main saisit votre bras et le soulève brutalement. Vous étouffez un cri. C'est l'illuminée qui veut ainsi tester votre degré de relaxation. Elle vous a brusquement fait sortir de votre état de délassement. Maintenant, vous êtes crispé. Vous guettez ses pas. Va-t-elle revenir ? Non, elle s'éloigne. Elle s'approche d'une autre victime. Vous entendez son bras retomber.

Impossible de vous détendre. Elle erre dans toute la pièce. Là, elle élève une jambe. Ici, elle touche un coude. Dès qu'elle s'approche de vous, votre rythme cardiaque s'accélère. Tous vos muscles se rigidifient. Votre ventre est comprimé et votre souffle suspendu. Elle est à quelques centimètres de vous. Vous entrouvrez un œil. Elle est bien devant vous. Vous n'en pouvez plus. Qu'elle s'en aille ! Qu'elle vous laisse tranquille ! Elle s'approche de vos pieds. Va-t-elle vous caresser un orteil ? Rien ne se passe. Elle s'approche de votre oreille et y susurre un « Détendez-vous ». Vous ne l'écoutez plus. Un frémissement nerveux vous secoue. Elle s'est éloignée. Elle invite l'assemblée à se réveiller lentement. À ouvrir un œil, puis l'autre, comme s'il était moins relaxant d'ouvrir les deux paupières en même temps. Elle propose à chacun d'évoquer son expérience. Mais vos camarades se gardent bien de souffler mot. Devant ce mutisme qu'elle tient pour une preuve de son succès, elle prend congé et vous souhaite une bonne soirée. La troupe d'étudiants, plus angoissés que jamais par les deux heures perdues, s'enfuient, le cartable sous le bras. Rien ne pousse plus à la détente que quelques caresses, mais pas celles d'une vieille sorcière. Vous préférez retourner à votre chat. Rien ne vous calme plus que de passer vos mains dans son pelage. Son ronronnement a un effet apaisant. Ses yeux tranquilles vous invitent à la sérénité. Vous êtes convaincu que l'administration serait plus éveillée de se payer des félins cajoleurs que les services d'une infirmière loufoque.

Vous vous précipitez à la cantine. Elle va bientôt fermer. Sur les étagères de verre se tiennent les restes que vos camarades n'ont pas souhaité emporter sur leurs plateaux. Par-là, une banane noircie... Par ici, des concombres à la sauce jaunâtre... Au bout se tient une pyramide de yaourts défoncés. Vous en attrapez un. Vous vous saisissez de carottes râpées douteuses et recueillez l'assiette principale où un poisson se noie au milieu d'une purée verdâtre. Vous rejoignez vos amis à une table du fond du réfectoire. La conversation est très animée. Benoît se demande si un jour vous pourrez échapper au joug de la prépa. Est-ce qu'on ne demeure pas un khâgneux toute sa vie ? Ces quelques années vont vous marquer, c'est sûr. Mais est-ce à tout jamais ? Pourrez-vous vous en sortir et mener un jour une vie normale ? Ou courrez-vous toute votre existence de défi en challenge avant d'expirer un matin pour avoir trop peiné ? Vous n'êtes pas malheureux, mais de là à ne pas aspirer à une vie un peu plus calme, un peu plus comme tout le monde... Vous souhaitez tous vous détacher de cette vie de bagnard, mais pourrez-vous vous en remettre ? Coralie pense que la seule solution est une thérapie de groupe. Son père est psychiatre et elle voit déjà des générations d'étudiants s'allonger sur le divan paternel. C'est pour elle le seul moyen de « redevenir normal ». Vous doutez d'être un jour quelqu'un de « normal » et de toute façon vous ne le désirez pas. Pourtant, il va vous falloir évoluer et échapper à l'emprise de ce monstre qu'est la prépa. La cure de désintoxication risque d'être longue. Longtemps après, vous ne pourrez sans doute toujours pas toucher un livre sans frémir.

Thibault intervient. Il évoque Maupassant et son Horla. C'est cette folie qui le pousse à écrire. La coucher sur le papier est un moyen de la contrôler ou du moins de l'approcher, de comprendre, de toucher. Peut-être qu'il vous faudra écrire pour dépasser. Passer à autre chose. Surpasser. Oublier. Vous ne dites mot. Vous ne savez pas. Vous écoutez incrédule ces jeunes gens mettant toute leur matière grise au service de la recherche d'une solution pour s'en sortir. Pour quitter ce vieux lycée, même dans leurs rêves. Partir. Fuir. Déguerpir. Cela paraîtrait si simple à un étranger, mais le membre d'une secte sait qu'il est difficile de rompre les amarres. Tout votre esprit s'est transformé. Vous ne penserez plus jamais comme les autres. Vous aurez du mal à guérir. Vous serez perturbé pendant les mois qui suivront la fin de l'année. C'est presque une malédiction. Coralie a peut-être raison. Vous êtes bon pour la psychiatrie, la seule issue pour échapper au tragique, à cette folie qui vous guette.

Quentin sourit. Il semble songer à une autre solution. Qui pourrait dire laquelle ? Vous êtes peut-être la personne qui le connaît mieux et pourtant vous ne percevez pas une amorce qui vous permettrait de deviner ce qui lui donne ce léger rictus. Plus tard, dans votre chambre, il ne vous dira rien. La nuit est bien avancée et l'heure prête aux confidences. Vous savez qu'il a rédigé le matin même une des rares lettres qu'il écrit à ses parents. Mais vous n'avez aucun soupçon de ce qu'elle peut contenir. Quentin ne parle jamais de lui. Il parle des autres et cite des philosophes. Il s'interroge sur vos camarades, vos enseignants ou vos écrivains préférés. Et s'il parle des autres, c'est pour ne pas parler de lui. Vous ignorez beaucoup de ses secrets. Il ne vous donne aucun indice qui permettrait d'y accéder. Du moins, vous ne les percevez pas.

Quentin, ce soir-là, n'avouera pas à quoi il pense. Vous ne lui en tiendrez pas rigueur. Vous savez combien certains aveux sont difficiles.

Premiers échecs

« Que de fois, levé de très bonne heure pour étudier ou pour lire, j'ai moi-même rétabli ces oreillers fripés, ces couvertures en désordre, évidences presque obscènes de nos rencontres avec le néant, preuves que chaque nuit nous ne sommes déjà plus. »

MARGUERITE YOURCENAR,
Mémoires d'Hadrien

LE dernier devoir du samedi matin a eu lieu la semaine dernière et vous avez le sentiment qu'un cycle vient de s'achever. Vous ne craindrez plus les vendredis soir de la même façon. Vous aurez de vrais week-ends que vous pourrez consacrer à réviser les leçons des mois passés. Deux jours entiers ! Samedi et dimanche ! Vous allez pouvoir organiser ces quarante-huit heures et les répartir entre les différentes matières. Finis les samedis après-midi perdus, allongé sur votre lit pour récupérer des six heures éprouvantes. Maintenant, tout va changer ! Vous vous trouvez désormais au début d'une ligne droite. Il ne vous reste plus qu'à décoller. Dans une quinzaine de jours commencera le second concours blanc, l'ultime entraînement avant les vraies épreuves. La dernière dissertation achevée, vous partirez pour une semaine de vacances. Puis viendra le véritable test. Tout va passer très vite. En êtes-vous bien conscient ? Plus le temps de s'arrêter. Êtes-vous fin prêt ? Ces quelques semaines vont être terribles. Vous êtes disposé à en finir ? C'est décidé ! Alors, on y va.

Au fur et à mesure de vos révisions, les copies des devoirs réalisés dans les semaines précédentes reviennent à leur auteur dans un suprême soupir du correcteur. Ce n'est pas toujours très bon pour le moral des troupes. Les enseignants se répartissent en deux groupes. Il y a ceux qui surévaluent la qualité de vos travaux afin de vous donner confiance pour l'examen final. C'est le cas de l'histoire ou de l'allemand où vos notes sont prodigieuses. Vous ne revenez pas des appréciations qui ornent vos copies. Votre capacité démonstrative et explicative a atteint son paroxysme. Vos propos sont devenus clairs et pesés. Votre style, épuré, a enchanté le lecteur et a donné un cachet certain à votre copie. C'est sûr, le jour du concours, vous allez briller... Si vous ne crachez pas sur ces bonnes notes, vous êtes toutefois conscient que quelque chose ne va pas. Tous vos camarades semblent enchantés par leurs résultats et une petite enquête vous révèle l'absence inhabituelle de copies minables et de commentaires mortifiants. L'équipe enseignante cherche à mettre en œuvre la théorie des prédictions autoréalisatrices. En persuadant chacun de leurs étudiants qu'il a des chances d'obtenir une des vingt-quatre places promises, ils croient maximiser leur espérance de candidats reçus.

Néanmoins, certains de leurs collègues souhaitent limiter ce qu'ils nomment « les mauvaises surprises » et entendent préparer leurs élèves au pire. Pour cela, ils remettent en cette veille de concours les notes les plus dures qu'ils aient données lors de ces deux années de préparation. Ainsi, le lettreux, du haut de sa chaire, a exagéré l'ampleur de vos échecs. Il entend vous donner le coup de fouet nécessaire à des révisions réalisées dans de bonnes conditions. Mais vous avez des doutes sur l'efficacité de sa stratégie. En rendant chaque copie à son propriétaire, il est si fier de son commentaire caustique qu'il le lit à l'ensemble de la classe. Cet homme pourtant brillant humilie tour à tour chacun de ses élèves, vous y compris. Il pense faire cela pour votre bien... Comme s'il n'avait pas deviné que ce serait une des dernières images qu'il vous laisserait de lui.

Cette série de notes et de copies qui s'est infiltrée dans vos révisions contribue à créer une atmosphère fielleuse à l'intérieur de ce qu'il reste de votre classe. Une multitude de groupuscules sont réapparus. Chacune de ces cliques défend ses intérêts particuliers et se pose d'emblée en rivale de tous ceux qui n'en sont pas membres. Un grondement d'intrigues envahit la salle de cours. Des cabales sont menées. On diffame à voix basse son frère et son voisin. On chuchote de possibles sujets de concours et on se garde bien de les divulguer. Vous méprisez tous ces stratèges et leurs voix mielleuses. Leurs compliments sont hypocrites et cachent les plus sombres manigances. Ils assaillent les élèves les mieux notés et les poignardent par-derrière. Chacun est dans l'urgence. Tout manque, surtout le temps. Personne n'en sait assez. C'est la famine ! Vous manquez de savoirs. Alors on accuse les meilleurs de tout garder pour eux. On les montre du doigt. On les dénonce. On les dénigre. Ils sont coupables. On ne sait pas trop de quoi. Mais la situation et les souffrances actuelles ne peuvent venir que d'eux. Et eux, c'est vous. On vous calomnie. On vous attaque. On vous reproche certains forfaits. Vous garderiez des fiches sur vous. Vous auriez des corrections de grands lycées parisiens. Vous auriez déniché des ouvrages de synthèse très précieux. Oui, c'est vrai... Et alors ?

Vous n'êtes pas à plaindre et votre réussite n'est que relative. En revanche, un de vos camarades subit les foudres de tous : Quentin fait l'unanimité des jaloux contre lui et fuit désormais le contact de ses semblables. Aveuglés par ses notes, ses condisciples le voient comme un monstre étrange accablé de tous les vices. Ils ne le comprennent pas et en font un être détraqué et méprisable. Pourtant, vous, vous savez combien il les dépasse.

Vous soupçonnez combien il doit souffrir de ces vilipendes injustes. Lui, qui a tant besoin d'être apprécié par ses compagnons, s'enferme dans un mutisme inquiétant. Il rend les avanies qu'il devine par un regard froid et altier. La médiocrité l'insupporte. Il doute de lui. Et parfois, les clameurs finissent par le convaincre de sa propre bêtise. Ses incertitudes le rongent. Cela vous semble tellement absurde que vous ne prenez pas ces incidents au sérieux. Pourtant, il est vraiment blessé par ces rumeurs constantes et ces conversations qui s'arrêtent quand il approche.

Le délégué a décidé d'organiser une dernière soirée, histoire d'apaiser les tensions. Vous vous êtes rendu à la villa Saint-Cyr. Vous pensiez que les bières effaceraient la pression du concours. Mais vous avez l'alcool triste. Quelle horrible soirée ! Tout le monde s'ennuie. Personne n'en parle, mais les épreuves à venir sont présentes dans toutes les têtes. Cette année, le concours se déroulera plus tôt que l'année précédente. Les enseignants vous rendront les copies du dernier concours blanc la veille de la première épreuve. Cela n'enchante personne. L'ambiance est morose. Glauque. Les sarcasmes et camouflets fusent. Alors que vous glissez un mot à l'oreille de Quentin, un crétin vous vexe par une allusion déplacée. Qu'est-ce qu'il s'imagine ? Que ce qu'il suppose est faux ? Et il voudrait vous gêner. Non ? Alors, il cherche à vous faire mal. Sciemment. Quentin en a les larmes aux yeux. C'est terrible pour vous. Vous ne savez pas quoi faire. Vous êtes incapable de trouver les mots. Vous quittez la soirée.

Vous marchez dans la rue. Il fait froid. La lumière moite des lampadaires donne un air navrant à cette aventure. Quentin reste calme. Vous admirez son flegme. Vous voulez hurler votre ressentiment. Quelle bande d'abrutis ! Ils ne comprennent rien. Vous cherchez à réconforter votre ami. Vous êtes stupéfait par la cruauté de ces étudiants stressés. Vous maudissez leur comportement. Quentin semble philosophe. Mais vous êtes quand même gêné. Il prétend que les menaces de ses parents sont bien pires que celles de vos camarades. Vous voilà arrivés au lycée. Vous ne voulez pas laisser Quentin se retirer dans sa chambre, ni d'ailleurs rester seul vous-même. Vous attrapez un échiquier. Quoi de mieux qu'une partie d'échecs pour exorciser votre trouble ? Vous mettez en œuvre des stratégies pour laisser gagner votre Quentin. Mais il fait de même et la partie traîne en longueur. Vos jambes ne font que se frôler sous la table. Vous vous appuyez confiant sur votre adversaire. Vous vous aidez mutuellement dans vos révisions et vous voyez mal ce qui pourrait vous séparer. Vous réussirez tous les deux le concours, ou vous échouerez ensemble.

Même si les premières épreuves du second concours blanc se révèlent plus difficiles que prévu, vous tenez bon. Un week-end de trois jours vous sépare des deux dernières épreuves. Vous décidez de rentrer chez vos parents. Après, il vous restera quinze jours de révisions. Vous passerez les écrits. Vous préparerez les oraux. Vous serez admissibles tous les deux. Vous réussirez ces exposés et vous serez admis.

Première solution

« Le sage vit autant qu'il doit et non autant qu'il peut. »

SÉNÈQUE

IL est des retards qui sont inquiétants. Vous êtes rentré la veille à l'internat dans la nuit et vous vous êtes couché tout de suite. Au réveil, vous êtes descendu au réfectoire et vous voilà en train d'avaler des tartines en prévision des six heures de philosophie à venir. Les jours d'épreuve, Quentin est toujours le premier à charger son plateau de petits pains et confitures en tout genre. Mais ce matin, il n'est pas là. Vous avez eu du mal à vous lever et ne vous inquiétez pas outre mesure. Votre vie est grêlée d'habitudes et il n'est pas rare qu'un incident vienne troubler la monotonie rassurante de votre existence. Ces écarts à l'usage n'ont rien d'anormal et il suffit d'attendre pour que tout rentre dans l'ordre. Mais ce matin vous êtes inquiet. Il vous faut toujours une quinzaine de minutes d'attente avant de vous dire qu'il s'est produit quelque chose de grave. Les minutes passent. Vous mangez toujours. Vous chassez l'idée qu'un incident est arrivé. Néanmoins, une angoisse sourde campe dans votre estomac. Cela ne colle pas. Il y a quelque chose de bizarre. Pourtant, personne ne semble remarquer cette absence. Vous, elle vous terrorise.

Vous quittez le réfectoire et montez les escaliers quatre à quatre. Vous déboulez dans le couloir de l'internat et frappez à la porte de Quentin. Il ne doit pas être réveillé ! Et le devoir commence dans cinq minutes ! Il va falloir qu'il s'habille en quatrième vitesse. Le pauvre... Personne ne répond à vos coups. Vous insistez. La lumière est éteinte. Un physicien sort de sa chambre en pyjama pour se plaindre du bruit. Le chat se frotte à vos jambes pour mendier des caresses. Vous restez circonspect devant l'entrée close. Vous ne comprenez pas. Il est peut-être déjà descendu dans la salle de classe. À moins qu'il n'ait décidé de ne pas venir. Vous avez entendu dire que certains élèves ne passeront pas ce second concours blanc qu'ils trouvent trop fatigant. Ils préfèrent garder leurs forces pour le jour de vérité. Ils n'encourent aucune sanction. La seule instance qu'ils craignent désormais est celle du concours. Mais vous les trouvez idiots, car un entraînement supplémentaire ne vous semble pas superflu. Non, cela vous étonnerait vraiment : Quentin n'a pas pu décider de manquer la dissertation de philosophie. Il doit être déjà descendu.

Vous glissez le long des marches. L'angoisse est encore plus vive que tout à l'heure. Vous courez vers la salle de composition. Vous avez envie de savoir... Et vous êtes maintenant un peu en retard. Vous pénétrez dans la pièce. Vous cherchez du regard Quentin, mais vous n'avez pas le temps de le trouver que l'enseignant vous fait signe de vous asseoir. Vous sortez des feuilles et vous commencez à réfléchir sur le sujet du jour : « Peut-on sortir du tragique ? » Vous peinez à vous concentrer. Vous scrutez la forêt de nuques plantée devant vous. Non, Quentin n'est pas là. Vous relisez le sujet et commencez à écrire. Le tragique est votre sujet de prédilection et vous adorez parler des Érinyes. Vous remplissez des pages de propos enthousiastes sur les solutions envisageables pour sortir du tragique.

Votre plume fuit et l'encre bave sur vos doigts. Vous achevez votre devoir dans la douleur. Vous avez à peine remarqué le passage du proviseur adjoint et de l'enseignante d'histoire qui sont venus chuchoter avec le philosophe. Vous rendez votre copie et émergez de la réalité factice dans laquelle vous avez évolué les six dernières heures. Le réveil est brutal : à peine passez-vous le seuil de la salle que l'historienne vous alpague et vous tire à l'écart. Elle semble gênée et son regard, trouble. Elle hésite. Finalement, elle dirige ses yeux droit sur les vôtres et vous demande si Quentin est votre ami. Vous faites un signe de la tête. Vous ne trouvez même pas la force de bredouiller un mot. Qu'est-ce que cette question signifie ? Cette scène vous paraît suspecte. Ce n'est pas dans l'habitude des professeurs de s'inquiéter de l'absence ponctuelle d'un élève. Ou alors c'est très grave. Vous imaginez déjà le pire et les battements de votre cœur vous assomment.

L'enseignante ne parvient pas à dissimuler son embarras. Ses gestes sont un peu gauches. Il faut qu'elle se décharge d'une besogne pesante. Alors elle se lance. Elle vous annonce d'un trait que Quentin s'est ouvert les veines dans la baignoire de ses parents pendant la nuit de samedi à dimanche. Il est mort peu après. Elle vous demande de trouver une excuse pour cacher cet incident à vos camarades afin de ne pas les perturber à la veille du concours. Elle observe l'effet de ses paroles sur votre visage. Vous restez impassible. Mais vous étouffez. Vous ne comprenez pas vraiment la portée des mots qu'elle vient de prononcer. Veines. Baignoire. Mort. Vous êtes choqué. L'historienne veut vous entraîner vers une machine à café pour « bavarder un peu ». Mais vous prenez poliment congé et remontez calmement dans votre chambre. Non, vous ne réalisez pas ce que veulent dire ces mots. Ils sont si irréels. Vous vous allongez sur votre lit tout contre le matou, et vous commencez peu à peu à saisir ce qui est réellement. Vous imaginez peu à peu cette baignoire. Vous voyez votre ami se trancher les veines et son sang dégouliner le long de son bras. Cela vous semble si absurde. Comment ce geste pourrait-il être réel ? Et puis vous revoyez ses parents. Vous repensez aux invectives de ses condisciples lors de la soirée. Et vous découvrez ce que vous n'aviez su voir. Son mal-être. Son désespoir. Sa douleur. Vous pleurez. C'est terrible. Il n'y a plus rien que cette douleur dans votre ventre. Vous êtes vide, si vide. Malheureux. Comment pourrez-vous vivre à nouveau ? Le chat vous regarde d'un air pantois. Il émet un miaulement et se frotte contre vous. Vous le prenez et le serrez dans vos bras. Que vous êtes mal ! Vous implorez tous les dieux de vous apporter un signe contraire. Vous donneriez tout pour le voir entrer dans votre chambre. Mais déjà, vous sentez que c'est impossible. Vous ne le verrez plus, jamais. Comment ferez-vous ? Vous ne pouvez pas. Vous ne pourrez pas.

Vous sanglotez. Vous gémissez. C'est terrible. Vous ne vous relèverez pas de votre lit de la soirée. Vous appelez vos parents et rentrez chez vous. Tant pis pour l'épreuve de français du lendemain. Plus rien ne vous intéresse. Plus rien ne vous importe. Le monde est vide. Vous aussi. Pourquoi s'est-il suicidé ? Comment a-t-il pu ? N'a-t-il pas pensé à vous ? Pourquoi ce refus de vivre ? Pour ne pas souffrir, ne pas s'avilir ? Vous ne savez pas ce qui l'a poussé à faire ce choix. Choix incertain mais si possible. Il est des décisions qui dévorent une vie. Votre main tremble quand vous feuilletez les pages de votre relation passée. Il va vous falloir le rayer de votre vie : ce n'est qu'une question de minutes.

Pourquoi êtes-vous toujours vivant ? Pourquoi n'avez-vous jamais songé à en finir de cette manière ? Qu'est-ce qui vous lie encore au monde ? Votre fils, que vous n'aurez jamais ? Vos parents ? Non, vous êtes sevré. Vous appréciez encore leurs coups de téléphone, mais ce n'est plus comme avant. Un jour, vous vous êtes rendu compte que vous n'aviez pas pensé à eux de la journée. Puis de la semaine. Vous vous êtes dit qu'il devait en être de même pour eux. Vous aviez rompu les amarres. Oui, vous avez changé. Vous n'êtes plus celui que vous étiez et aujourd'hui vous ne savez plus ce que vous allez devenir. Vous êtes perdu. Non, rien ne vous retient plus. Vous pourriez très bien vous pendre ce soir. Mais en avez-vous le courage ? Rien n'est moins sûr. Alors, il vous faut continuer à vivre. Seul et esseulé. C'est terrible. Tellement dur à assumer. Vos yeux vous piquent. Vous sanglotez à nouveau.

Ces larmes semblent vous libérer. Ce ne sont pas les premières, certes. Mais elles sont nouvelles, vous n'aviez jamais pleuré comme cela. Cette sève qui glisse le long de vos joues vous ôte ce qui vous restait de vie. Heureusement, le chat ronronne. Il vous regarde de ses petits yeux verts. Lui s'en fiche. Il a sept vies. Il n'est pas à une près. Il plisse ses moustaches sur l'avant de son museau et vous observe. Il plante ses griffes dans votre pantalon, puis les retire. Il a l'air si heureux. Il frotte sa tête contre vos bras. Il vous chatouille la main et parvient même à vous arracher une esquisse de sourire. Vous le serrez contre vous. Vous fermez les yeux. Vous voyez vos doigts tachés d'encre. Rouge.

Premier cauchemar

> « ... et, pour mieux m'émouvoir,
> Son sang sur la poussière écrivait mon devoir. »
>
> CORNEILLE, *Le Cid*

QUENTIN déboutonne sa chemise, lentement. Ses doigts glissent le long du tissu. Il porte sa chemise mauve, celle qui lui va le mieux. Elle épouse à merveille son élégance et sa désinvolture. Le dernier bouton cède. Il est maintenant torse nu. Il enlève sa ceinture et fait doucement descendre son pantalon. Il ôte une à une ses chaussettes, puis laisse tomber à terre son caleçon. Il est désormais complètement dévêtu. Il hisse une jambe dans la baignoire. Puis la deuxième. Il hésite quelques secondes avant de s'asseoir. L'eau doit être brûlante. Elle fume et la buée a recouvert le miroir qui surplombe le lavabo. Finalement, il s'assied doucement. Il remue la nappe rutilante qui entoure son corps blanc. Enfin, il s'allonge.

L'onde submerge sa tête qui repose au fond de la baignoire. Il contemple le plafond de la pièce au travers du liquide transparent. Les bruits du dehors sont déformés et parviennent à son oreille comme des rugissements absurdes. Le clapotis des vagues contre les parois recouvre les autres sons. Finalement, Quentin sort la bouche hors de l'eau et inspire minutieusement. Puis il s'enfonce à nouveau loin de la surface. Il expire lentement. Il recommence trois fois, puis s'assoit. Le liquide lui arrive au niveau du bassin et recouvre à moitié son nombril. Sur le rebord est posé le petit couteau que lui a offert son père pour son anniversaire. Quentin s'en saisit et le porte sur son poignet gauche. Une entaille brille. Le sang perle. Il court sur son avant-bras. Quentin a maintenant reposé le petit couteau. Il s'étend de tout son long dans la baignoire. L'onde se trouble. Mais il fixe toujours le plafond de la pièce. Bientôt, il ne voit plus rien du fond de son cercueil vaporeux. L'eau est trop rouge.

Chaque fois vous vous éveillez la tête en feu sur votre oreiller. Voilà bientôt une dizaine de jours que vous faites ce même rêve. Vos mains sont moites. Les draps humides entourent et collent vos membres incandescents. Votre corps s'est embrasé. Vous avez chaud. Vous grelottez. Des gouttes de sueur coulent le long de votre dos. Vous avez mal au ventre. Impossible de vous rendormir. Vous allez vomir et tout tourne autour de vous. Vous êtes revenu la veille au soir à l'internat. Vous vous rappelez soudain pourquoi. Cela ne fait qu'augmenter votre angoisse. Vous jetez un œil inquiet vers le réveil. Il est cinq heures et demie. Dans une heure, il faudra vous lever et partir pour Saint-Denis. C'est là que vous êtes convoqué à huit heures et demie pour passer l'épreuve d'histoire, la première du concours. Il ne s'agit plus d'un entraînement. Ce sont les vraies épreuves qui commencent.

Dans près de trois heures, vous y serez. Vous aurez devant vous cette feuille blanche que vous redoutez tant. Vous n'avez aucune envie de vous y rendre. Vous avez d'ailleurs longtemps hésité à passer le concours sans votre ami. Vous pensiez ne pas avoir la force nécessaire pour retourner dans ce monde où tout vous rappelle Quentin. La pression de vos parents et le spectre d'une année supplémentaire de tortures ont eu raison de vous. C'est tout de suite ou jamais. Ou vous réussissez dès cette année, ou vous abandonnerez.

L'heure de s'extraire de votre couche arrive enfin. Vous vous habillez en vitesse, vérifiez le contenu de votre trousse et glissez pièce d'identité et convocation dans une pochette cartonnée. Le centre d'examens est un entrepôt au nord de Paris appartenant à des studios de télévision et vous devez compter une bonne heure et demie de RER, puis de marche, pour vous y rendre. C'est toujours mieux que le magasin de moquette désaffecté à l'odeur pestilentielle qu'avaient dû souffrir les khâgneux de l'année précédente. Assuré que vos papiers sont bien dans votre sacoche, vous fermez votre chambre et descendez au réfectoire.

L'administration a fait lever plus tôt que de coutume le personnel de service. Il n'est pas encore sept heures et tous sont là, arborant des sourires forcés. Sur une table au fond, ils ont préparé des sandwichs et une pomme pour le repas du midi. Vous êtes étonné de cette attention et enfouissez ces provisions au fond de votre sac parmi toutes les victuailles que vous avez prévues pour les six heures de bataille à venir. Vous savez qu'il vous faut manger pour pouvoir rester concentré toute l'épreuve, mais vous n'avez pas d'appétit ce matin. Votre estomac est brûlant. Votre main tremble : vous êtes effrayé. Vous avalez à petites bouchées les tartines et les fruits dont vous aviez chargé votre plateau. Bientôt, il est l'heure de quitter le lycée. Vous partez en compagnie de Thibault, prenant soin d'éviter les autres. Ils se sont sans doute aperçus de l'absence de Quentin. Et vous ne voulez pas les entendre en parler.

Dans le RER, vous regardez défiler les paysages insignifiants. Thibault est assis en face de vous et ne souffle mot. L'historienne l'a également mis au courant. Et il est visiblement gêné. Mais il ne dit rien. Vous attribuez son mutisme à l'angoisse de l'épreuve à venir. Vous cherchez de votre côté à vous vider la tête. Ne plus songer à rien. Toutefois, la proximité du concours ne parvient guère à vous faire oublier le petit couteau de Quentin et le sang sur son bras ni le fait que ses parents ne vous ont même pas convié à son enterrement. Comment pouvez-vous être en route pour le centre d'examens malgré la mort de votre ami ? Comme ce serait différent s'il vivait !

Soudain, votre camarade rompt le silence. Thibault vous demande quelle était la nature exacte de votre relation avec Quentin. Mais déjà, il s'en veut d'avoir laissé échapper cette question. Il pense sans doute que cela ne le regarde pas. Les yeux baissés, il contemple le sol gris du wagon et prie pour que vous ne répondiez pas. Il vient de saisir combien il serait ridicule pour vous d'en dire plus. Que pourriez-vous lui apprendre qu'il ne sache déjà ? Vous n'avez plus rien à défendre. Plus rien à revendiquer. Plus rien à prouver. Thibault demeure impassible. Vous aussi. Son regard fixe et vide vous signale combien il aimerait que vous n'ayez pas entendu ces quelques mots. Donc vous vous taisez.

Arrivé à destination, vous êtes moins convaincu que jamais de pouvoir cette fois encore chuter vers le haut. Vous avez peur. Quentin est absent. Il est toujours dans sa baignoire. Vous vivez en plein cauchemar. Le principal surveillant habillé tout de noir vous évoque les SS de vos livres d'histoire. Ce petit homme hurle dans le micro les consignes et les sanctions en cas de triche, en prononçant chaque terme de manière saccadée. On distribue les sujets retournés. Vous avez alors devant vous le verso vierge de la feuille. Mais vous devinez des marques sombres au travers du papier. Une centaine d'étudiants tentent de déchiffrer ces hiéroglyphes. Vous n'avez pas le temps de poursuivre votre exploration. Tout le monde a son sujet et le petit caporal donne l'ordre de retourner le papier. Un brusque brouhaha de papier résonne, puis laisse place à un lourd silence. Chacun découvre avec stupeur le sujet. Il va falloir analyser les violences et frustrations dans l'Allemagne de l'entre-deux-guerres. Vous remarquez le manège de certains candidats. Ils arborent un large sourire et se font des clins d'œil, voulant ainsi signifier qu'ils ont traité en cours précisément ce sujet. Leurs voisins paniquent. Ils n'ont plus aucune chance ! Comment lutter contre des personnes qui ont travaillé ce sujet avec leur enseignant ! Quel avantage n'ont-ils pas ! Vous souriez. Vous savez que ce n'est pas le cas. Ils viennent d'un prestigieux lycée parisien et cherchent par là même à dérouter leurs adversaires moins chanceux. Il est temps de se mettre au travail et vous vous engagez dans une réflexion de six heures.

Vous pensez mécaniquement et la machine produit son devoir. Vous ne songez même plus au temps qui passe et au sang qui coule. Soudain, vous tressautez. Un cri dans le micro ! Le surveillant vient d'annoncer qu'il ne vous reste qu'une demi-heure. C'est bon, vous êtes dans les temps ! Vous achevez votre troisième partie, recopiez votre conclusion et relisez votre copie. Soudain, la voix dans le microphone surprend tous vos voisins. Elle annonce la fin du temps réglementaire et vous ordonne de poser les stylos. Quelques malheureux s'acharnent encore sur leur copie : ils n'ont pas eu le temps d'achever leur dernière partie. D'autres inscrivent discrètement les dernières phrases de leur conclusion. Des surveillants se jettent sur eux et les menacent de ne pas accepter leurs travaux. Un flot d'étudiants fatigués se presse vers la sortie. Les plus pressés se ruent vers les toilettes. D'autres n'ont pas passé le seuil du bâtiment qu'ils ont déjà sorti une cigarette. Les plus névrosés commentent le sujet d'histoire. Les plus convaincus décrivent le plan de leur dissertation à ceux qui ont encore le courage de les écouter. Les plus affamés avaient déjà des poignées de chips. Vous n'êtes pas de ceux-là. Vous n'avez même plus la force de manger. Vous n'avez qu'une envie : vous coucher, vous étendre au calme, loin de ce brouhaha nerveux. Vous quittez cette foule de candidats et retournez à la station de RER. Demain, vous reviendrez pour les sciences sociales. À peine arrivé à l'internat, vous vous endormez.

Le cauchemar se poursuit. Les sciences sociales laissent la place aux mathématiques, qui cachent la philosophie, puis les lettres.

La semaine suivante, vous voilà devant l'épreuve optionnelle pour Ulm : la dissertation de six heures en langue allemande. Une fois de plus, vous n'avez pas le temps de vous reposer. Il vous reste à effectuer une version et enfin une dissertation d'économie. Cette dernière dissertation est jouissive. Chaque mot que vous écrivez vous rapproche de la fin. Au fur et à mesure des quarts d'heure de l'épreuve, la salle de composition se vide. Vient enfin le râle électronique du surveillant. Vous rendez vos quatre copies doubles. C'est fini !

Il est très difficile de décrire ce qui se passe alors dans votre tête. Vous ne trouvez pas les mots pour l'exprimer. Mais vous n'avez plus besoin de mots. Vous êtes bien ! Libéré ! Délivré ! Déchargé ! Vous pouvez enfin respirer !

Vous vous asseyez sur le sol à la sortie du centre d'examens. Le ciment est très inconfortable, mais vous pourriez y rester tout l'après-midi, juste pour sentir que vous êtes libre d'y demeurer. C'est alors que la torture recommence. Quentin déboutonne sa chemise, lentement. Vous sentez combien il est fatigué, combien ses membres sont lourds et pesants. Les vôtres aussi. Que d'efforts et de convictions n'avez-vous pas dû déployer pour trouver la force de sortir de votre lit ce matin encore ! Les draps étaient si chauds. Mais si rouges. Vous étiez si las. Maintenant, toutes ces épreuves sont derrière vous et, demain, vous ne vous lèverez pas avant midi. Il est même possible que vous dormiez toute la journée ! Vous êtes tellement épuisé.

Ces sept épreuves, enchaînées en quelques jours, ont dévoré vos dernières vigueurs. Vous n'avez jamais été si fatigué de toute votre vie et sans doute ne le serez-vous plus jamais. Vous avez atteint les limites imposées par votre organisme. Votre corps se relâche. Vous avez maigri, mais tenu bon. D'autres ont craqué. Ils n'ont résisté que le temps d'une ou deux épreuves. Certains ont même abandonné le dernier jour. Quelques angoissés ayant veillé trop tard ne se sont pas réveillés un matin. Mais pour vous, c'est un sans-faute. Vous n'avez aucune idée de la qualité de vos travaux. Vous avez conscience d'avoir parfois rendu des devoirs scandaleusement pauvres. Vous êtes plus enthousiaste pour deux dissertations. Pour l'heure, tout cela vous est égal. Vous verrez plus tard. Le cauchemar est fini et c'est tout ce qui vous importe. Du moins, c'est ce que vous croyez... Vous savez bien que vous avez noyé la mort de votre ami dans la concentration intellectuelle. Ces épreuves exigeantes vous ont permis de vous échapper pour une dizaine de jours de la réalité et de ne pas trop songer que la chambre d'internat en face de la vôtre est désormais vide. Mais lorsque vous sortez pour la dernière fois de la salle de composition, l'absence est toujours là. Son spectre vous sourit dans la cour.

Première torture

> « J'ai vu avec effroi un de mes compagnons, ancien noble, se consumer au bagne comme une chandelle ; il y était entré en même temps que moi, encore jeune, beau et fort ; quand il en sortit, ce n'était plus qu'une loque asthmatique, aux cheveux blancs, aux jambes flageolantes. "Non, pensais-je, en le regardant, je veux vivre, et je vivrai." »
>
> DOSTOÏEVSKI,
> *Souvenirs de la maison des morts*

AD PATRES. Il a chuté vers le haut. Cela fait maintenant presque un mois. Vous commencez à découvrir les coins obscurs de votre relation passée. Vos yeux sont neufs et les mots, nouveaux, comme si vous découvriez des passages oubliés d'un roman que son auteur vous permettrait à présent de lire. Vous voyez les regards éteints. Vous entendez les soupirs imperceptibles. Vous devinez. Vous comprenez. Mais il est trop tard ! Et si vous aviez été plus attentif... Si vous étiez parvenu à lui arracher un aveu... Alors vous ne vous trouveriez pas seul dans cette chambre lugubre. Et il aurait vécu. Vous êtes coupable, en quelque sorte. Vous l'avez laissé mourir. Vous qui étiez son seul ami... Vous ne l'avez pas retenu. Vous n'avez pas su trouver les mots justes. Vous n'êtes pas arrivé à donner un prix suffisant à votre amitié pour pouvoir le retenir. Et pourtant, vous sentez que vous auriez réussi. Si vous aviez su... S'il vous avait dit... Vous vous en voulez. Comment avez-vous pu être aussi aveugle ? Vous ne pensiez qu'à vous ! C'est de votre faute. Certes, vous n'êtes pas le seul responsable. Mais vous êtes celui qui aurait justifié un renoncement. Vous êtes celui qui aurait pu repousser à jamais le petit couteau. Et vous ne l'avez pas fait...

Rares sont ceux qui se sont intéressés à l'absence de votre ami. Les autres ont été mis au courant et la nouvelle s'est répandue malgré elle. Même s'ils n'en soufflent mot, vos camarades sont affectés par cette subite disparition : qui ne le serait pas ? Autour de vous, on cherche à caractériser la pathologie de votre ami. Tous le décrivent comme un malade. Ils rejettent leur part de responsabilité en cherchant à circonscrire ses symptômes. Comme ils se méprennent... Le suicide n'est pas la dernière manifestation d'une maladie. Celui qui attente à sa propre vie n'est pas forcément insensé ! Se jeter dans la Seine ou se pendre à un lustre n'est pas toujours un acte de faiblesse. Il est des jours où il faut être bien fort pour arriver à régler la question d'une manière irrévocable. Toutefois, se tuer, c'est choisir la fuite. Refuser le combat. Et aujourd'hui, vous êtes persuadé d'arriver à vaincre le sort. Vous avez à peine vingt ans et vous ne savez pas ce que demain vous réserve. Il est bien trop tôt pour abandonner. Pourtant, si un jour, l'horizon se voilait à jamais, vous n'hésiteriez pas. Vous n'avez jamais supporté la souffrance. Si ces douleurs devenaient trop vives, vous trouveriez en vous la force suffisante pour renoncer aux plaisirs de l'existence. Peut-être. Mais vous n'auriez jamais pu imaginer que Quentin ait déjà atteint ce seuil. L'avez-vous en définitive laissé mourir ? Êtes-vous fautif ? Oui, sans doute. Mais vous étiez désarmé. Et vous pouvez toujours avancer des excuses improbables. Vous ne cesserez pas pour autant de vous torturer.

Les cours ont repris. Le mot d'ordre dans l'équipe enseignante, plus soudée que jamais, est de taire l'absence de Quentin. Mais vous sentez que vos professeurs ne songent qu'à cet événement. La fin de l'année est trop proche. Ils ne savent pas quoi dire. Ils ne savent pas quoi faire. Ce décès change tout. Ou plutôt, non. Il ne faut surtout rien modifier ! Les écrits n'étaient que des éliminatoires d'admissibilité. Il s'agit maintenant de préparer les épreuves d'admission. Rien n'existe plus que ce concours. Et c'est tant mieux. Vous vous oubliez dans les livres et ne cessez de vous rappeler cet objectif.

À l'issue des sept compositions, une cinquantaine de

candidats seront retenus et devront présenter une demi-douzaine d'oraux afin de départager les meilleurs. Personne ne sait s'il en sera, mais chacun doit s'entraîner à ces exercices. En cas d'admissibilité, ce serait trop bête d'échouer par manque de préparation. Néanmoins, il existe plusieurs manières de s'exercer. Il y a tout d'abord l'attitude de l'élève démoralisé qui doutait a priori de ses chances de succès et qui est convaincu d'avoir rendu des copies minables. Pour lui, les vacances ont commencé. Il assiste aux cours, mais allume la télévision ou la console de jeux dès qu'il est chez lui. Ensuite, il y a l'élève moyen qui ne croit pas vraiment pouvoir intégrer, mais qui joue le jeu au cas où. Et puis, il y a le bon élève déprimé qui est convaincu d'avoir raté tous ses écrits et qui se voit déjà tout recommencer l'année prochaine. Il est déçu et peine à mettre en œuvre la volonté nécessaire pour se plonger dans un livre. La qualité de sa préparation s'en ressent. Enfin, on trouve ceux qui pensent avoir réussi les épreuves et réalisent le maximum de révisions. Ils se voient déjà devant deux examinateurs dans une salle à Ulm et en tremblent d'avance. Pour combattre leur peur, ils travaillent. Vous êtes de ceux-là. Ce serait terrible de sécher le grand jour.

Vous butinez de cours en cours et volez de livre en livre. Vos journées sont une succession de khôlles de préparation. Vous notez toutes les critiques des interrogateurs et cherchez à corriger tous les écarts. Tout doit être parfait ! Et vous êtes si mauvais ! Que de choses à apprendre, à changer, à corriger. Vous découvrez une fois de plus que vous ne savez pas tout. C'est terrible. Vous n'avez toujours pas parlé de Quentin à vos parents. Ils ont été inquiets de votre retour soudain à la maison. Ils l'ont attribué à l'approche des écrits. Comme vos larmes. Et vos soupirs. Vous auriez aimé tout leur raconter. Vous aviez réellement besoin de parler. Mais auraient-ils compris ? Vous n'avez rien dit. Vous n'avez pas pu. Pourtant, vous aimez vos parents. Vous souriez de leur incompréhension. Ils sont bien différents de ceux de Quentin. Tout dans leur regard vous indique qu'ils regrettent le choix que vous avez fait. Vous avez l'air si malheureux à l'approche du concours. S'ils savaient...

Rien n'est comme avant. Peu à peu, un lien affectif s'est noué avec vos professeurs. Quel étrange monde que celui de la prépa dans lequel les enseignants ont pris bien malgré eux la place de vos parents. Vous avez été sensible aux trésors d'acharnement qu'ils déployaient chaque jour pour vous faire atteindre les sommets. Aujourd'hui, c'est à votre professeur de mathématiques que vous allez confier votre malaise. Vous êtes un piètre matheux, mais vous savez qu'il comprendra et qu'il trouvera les mots justes. Il faut oublier et ne penser qu'au concours et à soi.

Chaque enseignant a peu à peu adapté le profil de ses cours à la préparation de l'oral. En mathématiques, vous vous entraînez sur les exercices de l'année précédente. En histoire, chaque jour, un élève effectue une prestation sur un thème au programme de son choix et l'historienne reprend ensuite le sujet. Vous êtes passé la veille. L'historienne vous a khôllé sur les mœurs de Lyautey. Vous saviez qu'il était un grand chef militaire. Maintenant, vous connaissez le reste. Vous vous plongez dans sa vie.

Le professeur de sciences sociales a annoncé qu'il ne ferait plus cours pour vous laisser du temps pour vos révisions. Vous trouvez sa décision sage. À l'heure qu'il est, il est sans doute en route pour la Bretagne. Cela représente du temps supplémentaire pour relire vos cours. Par ailleurs, tous les enseignants ont compris que les sujets d'écrit étaient tabous pour vous. Ils ne se risqueront pas à émettre des hypothèses ou des corrections qui démoraliseraient la moitié de leur troupe. Mais, une fois de plus, le professeur de lettres a décidé de se démarquer. Il s'est lancé dans la reprise de la dissertation du concours. Il ne vous propose pas tant des idées de problématique qu'une liste des écueils que vous deviez éviter. Quelle torture... Son inventaire est long et vous vous reconnaissez dans chacune des fautes grossières qu'il évoque. Vos camarades aussi. Plus il parle, plus il ajoute de nouvelles fautes à votre copie. Vous vous enfoncez sous votre table. Vous fermez les yeux et vous implorez toutes les puissances auxquelles vous ne croyez pas de le faire taire. L'attente est longue. L'enseignant poursuit son énumération et vous persuade définitivement que le devoir que vous avez rendu est minable. Vous n'avez plus aucune chance d'avoir une moyenne suffisante pour être admissible. Soudain, la sonnerie retentit. S'en vont quarante élèves convaincus d'avoir failli lors de leur devoir de lettres.

Vous ne trouvez plus le sommeil. Vous avez trop peur

de sombrer à nouveau dans le cauchemar. Vous revoyez à chaque instant les différentes épreuves écrites et l'ensemble des erreurs que vous avez bêtement commises. En mathématiques, vous vous êtes trompé de signe dans votre intégration par parties ! En histoire, vous avez interverti deux dates ! Les correcteurs ne laisseront jamais passer de tels délits d'ignorance ! Vous n'arrivez plus à réviser correctement. Vous êtes si seul... Thibault vous a proposé de réviser en sa compagnie. Vous vous êtes empressé d'accepter. Il a beaucoup changé pendant ces deux années. Il a gagné en maîtrise et vous étonne par ses connaissances. Il conserve toujours une certaine maladresse sympathique et n'a pas lu la moitié des ouvrages dont il parle. Mais, après tout, c'est le crime de presque tous vos camarades... Il a une méthode très spéciale de révisions : il procède par tirage aléatoire de la page ou la feuille qu'il étudie. Il prétend qu'il a trop de livres et cahiers à relire pour pouvoir tout assimiler. Non pas qu'il fasse des impasses comme ces bacheliers paresseux, mais il révise dans un ordre plus attrayant. Il croit en sa bonne étoile et se dit que la probabilité qu'il tombe sur le chapitre utile est tout aussi grande s'il tire au hasard chaque jour le menu de ses révisions. Ce soir, vous êtes dans sa chambre. Il tient un manuel d'histoire.

Soudain, il l'entrouvre précipitamment. Il commence à lire. Puis il s'arrête et vous interpelle, moqueur. Il vous demande le nom du directeur de cabinet du ministre de l'Air en 1936. Vous le regardez, incrédule. Il explose d'un rire franc. Il se moque de vous, comme si sa question avait un quelconque intérêt. Vous n'êtes pas encore au stade où vous pourrez vous permettre d'apprendre l'identité des directeurs de cabinet de tous les ministres de la IIIe République. Vous devez même avouer que vous ignorez la plupart des noms des ministres... Il y a sans doute des points plus déterminants qui méritent votre attention. Mais vous tenez quand même à connaître la réponse. Thibault se fait prier. Il finit par céder et vous apprendre que le Front populaire a créé le premier ministère de l'Air avec Pierre Cot à sa tête. Et son directeur de cabinet n'était autre que Jean Moulin. Thibault referme son livre. Il a assez travaillé et désire se coucher.

Vous prenez congé et allez poursuivre votre lecture dans votre chambre. À quoi bon s'allonger ? Vous ne dormirez pas. Vous caressez le chat. Il ronronne. Ses yeux verts ne vous ont pas abandonné. Il pose sa tête dans votre main. Paisible, il vous offre son ventre. Après tout, il lui reste au moins six vies. Vous promenez vos doigts entre ses poils moelleux. Vous tenez dans l'autre main un précis de philosophie et poursuivez votre lecture d'un œil gauche. Mais le minet ne l'entend pas de cette oreille. Il se dresse et se frotte de tout son poids contre votre bras. Le livre choit. Le matou jaloux continue ses caresses, mais il s'est subtilement déplacé vers votre poignet. Vous ne l'arrêtez pas : il semble si heureux ! Le voilà qui s'étend sur le papier confortable de l'ouvrage. Impossible pour vous de le récupérer. Ses griffes délicates veillent. Vous êtes tout à lui. Il a gagné. Le félin ferme ses paupières espiègles et s'endort.

Mais vous ne parvenez toujours pas à céder au sommeil. Dans plus d'une dizaine de jours, la liste des admissibles sera dévoilée. D'ici-là, il n'y a qu'une chose à faire : attendre. Laisser s'écouler le temps en vous éblouissant de révisions factices. Il est trop tard pour apprendre. Vous ne pouvez que réactiver des connaissances passées, retrouver des réflexes. Vous n'êtes pas dupe. Ceux qui pensent combler leur retard par des nuits blanches perdues sur des manuels trop neufs s'épuisent pour rien. Ils ne pourront assimiler ce qu'ils lisent. La plupart en sont conscients. Mais tout ce labeur les rassure et leur fait oublier pour quelques heures l'angoisse des épreuves orales. Ils en viennent parfois à désirer ne pas être admissibles. Ils seraient alors en vacances. Finis le stress et les bouquins ! Toutefois, ils se rappellent qu'ils ont travaillé ces deux ou trois dernières années dans cet unique but : intégrer. Et pour être admis, il faut avoir été admissible ! Quel affreux dilemme ! Risquer une humiliation ou renoncer à des espoirs si longtemps nourris ! Alors tous se torturent l'esprit. Ils se demandent s'ils ne vont pas payer de leurs veines ce trop-plein d'ambition. Vous aussi. L'impatience vous ronge. Le temps est si lent. Vous aimeriez savoir si vous avez fait ce chemin pour rien. Vous voudriez connaître le sens. Mais il vous faudra attendre. Encore un peu.

Premiers dégâts

« Le sang – faut-il continuer
à le serrer dans les pages d'un livre
sans démêler la douleur ? »

JACQUES DUPIN, *Sang*

SIC FATA VOLUERE. Vous avez assisté au pique-nique traditionnel qui ouvre l'après-midi pendant laquelle sont révélés les noms des admissibles. Cette image reste gravée en vous. Vos professeurs se félicitent de la proximité des vacances. Ils chuchotent des pronostics. À droite, des rires éclatent. La géographe vient de raconter une anecdote aux élèves qui l'entourent. À gauche, des ombres efflanquées se resservent nerveusement de la salade ou attrapent fiévreusement des parts de gâteau. Au fond, des hypokhâgneux ont découvert un ballon et improvisent un foot. Mais, au milieu de cette assemblée, l'œil exercé distingue une population d'êtres immobiles et livides : les khâgneux qui croient en leurs chances de succès sont trop tendus pour pouvoir avaler la moindre miette. Ils restent donc silencieux, comme perdus dans leurs pensées. Vous êtes de ceux-là. Vous attendez l'heure du verdict.

Il vous fera peut-être retourner à votre table de travail dès ce soir. Inexorablement, vous patientez. La torture ne peut pas durer éternellement. Vous êtes entre deux états. Tous ces gens autour de vous qui parlent de congés et de voyages vous rendent attirante l'idée d'un échec. Vous pourriez fêter le début des vacances dès aujourd'hui. Soudain, un téléphone sonne. Une jeune fille se précipite sur son portable. Elle crie. Sa mère vient de lui annoncer qu'elle est admissible à l'ENS Cachan. Les résultats sont sur Internet. L'assemblée de convives se rompt bruyamment. D'autres sonneries retentissent. On crie. On pleure. On hurle.

Sic fata voluere. Une main se pose sur votre épaule. C'est le professeur de mathématiques. Il vous annonce que vous êtes admissible aux trois Écoles normales supérieures. Une quinzaine d'oraux en perspective ! Vous chancelez. Vous vous accroupissez sur l'herbe. Les félicitations fusent de partout. Mais vous n'entendez plus rien. Vous ne voyez plus rien. Dans quelques dizaines d'heures, vous serez face aux jurys. Vous avez peur. En même temps, vous êtes si excité. Vos sentiments se mêlent et vous étourdissent. Les oraux des ENS Ulm et Cachan débutent dans deux jours. Demain, vous irez rue d'Ulm retirer votre convocation aux épreuves. Pour l'heure, vous remontez dans votre chambre pour y trouver le calme.

Vous vous installez à votre table de travail, ouvrez un manuel et vous abandonnez dans sa lecture. Effarouché. Effaré. Effrayé.

La journée qui suit est terrifiante. Chaque seconde qui s'écoule vous rapproche de l'instant où vous devrez entrer dans la salle du premier oral. En attendant, vous restez à votre bureau. Vous lisez des lignes, des pages en les psalmodiant comme des prières. Vous ne retenez rien et pourtant vous feuilletez ces livres. Vous murmurez des mots. Vous êtes absent à vous-même. Terrassé. Terrifié. Terrorisé. Avez-vous des chances d'être admis ? Vous ne savez pas. On ne connaît pas ses notes d'écrit quand on passe les oraux. Le temps passe vite et, sans que vous y preniez garde, vous voilà déjà à l'entrée de la rue d'Ulm. Tous les candidats rescapés sont réunis dans un amphithéâtre pour recevoir les encouragements du directeur du jury. Personne ne l'écoute. Tout le monde attend la minute où on remettra les convocations. Vous donneriez beaucoup pour passer l'histoire dans les derniers. Cela vous donnerait le temps de vous perfectionner et de restreindre vos révisions par élimination des sujets déjà proposés. Cet oral vous semble le plus délicat. Parler quinze minutes d'un sujet parfois obscur ne s'improvise pas. De plus, c'est l'épreuve à laquelle le plus de gens assistent. Ces oraux sont publics et vous ne pouvez rien y faire.

Tous ces yeux et ces murmures autour de vous vous effraient déjà. Vous craignez ces oreilles moqueuses. L'humiliation est une mort symbolique et vous redoutez la mort. Il faudra expliquer, démontrer, suffoquer devant ce parterre de chaises occupées. Fixer les yeux de vos deux interlocuteurs. Vous détacher de vos notes et sourire. Dans quelques heures... Vous respirez et vous dirigez vers les panneaux d'affichage. Le directeur a fini son discours et une marée d'étudiants s'écoule vers la sortie de l'amphithéâtre. Bientôt, une masse de corps entoure les feuilles de convocations et bouche le couloir. Les minutes qui vous en séparent sont longues. Quelques mètres plus tard, vous découvrez finalement votre nom en bas de la feuille.

Le lendemain, il n'est pas encore neuf heures que vous vous présentez rue d'Ulm. Vous êtes le second à passer en histoire. Quel plaisir ! Vous vous rendez devant la salle des appariteurs. Une quinzaine de personnes âgées discutent dans un murmure enjoué. Ils sont en attente d'un étudiant à conduire auprès de ses examinateurs. À peine avez-vous monté la dernière marche, qu'une petite femme vous attrape le bras et vous conduit auprès de celui qui semble les diriger. Il prend votre convocation et observe votre pièce d'identité. Il vous tend un stylo. Vous émargez la feuille placée entre ses deux bras et posez le stylo sur le bord de la table. Votre main frissonne. Vous la croyez mouillée, mais elle est gelée. Le vieil homme fait un signe à une de ses collègues qui entrouvre la grande porte en bois. Elle vous désigne une table et vous fait poser votre sac sur son flanc. Elle vous escorte ensuite jusqu'à la sortie de la salle et vous désigne une chaise en avant du seuil. Vous vous asseyez. La dame ronde ne vous perd pas des yeux. Elle scrute impassiblement sa montre. Tout à coup, elle vous ordonne de la suivre et elle s'engage dans un couloir. En son bout, elle descend l'escalier, puis tourne à droite. Soudain, elle s'arrête. Elle pose sur vous un regard plein de compassion. Ses yeux troubles redoublent votre angoisse. Elle frappe à la porte. Un homme plein de prestance ouvre et vous invite à entrer. Sa collègue vous attend devant leur bureau. Quatre morceaux de papier y sont déposés. On vous fait signe d'en saisir deux. Vous restez interdit. De ce choix va dépendre votre avenir. Vous détestez ces secondes où tout sombre dans l'arbitraire... Votre main tremble quand vous piochez le couple de feuillets sous les yeux impassibles des deux maîtres. Dans un instant, tout va basculer. Vous vous concentrerez sur le sujet que vous aurez choisi. Maintenant, il vous faut lire les inscriptions sur les papiers. Le premier vous interroge sur les relations entre les États-Unis et l'Asie depuis 1945, tandis que le second vous propose la guerre d'Espagne. Vous ne maîtrisez vraiment aucun de ces deux sujets. Dans le désespoir, vous décidez pour le second. Vous prenez congé et regagnez au pas de charge la salle de préparation, suivi de près par l'appariteur.

À peine installé, une surveillante vous propose à boire et à manger. Vous refusez poliment. Vous êtes là pour réussir un concours, pas pour grignoter en charmante compagnie. Vous êtes affolé. Vous ne savez rien sur la guerre d'Espagne. Vous êtes germaniste et vous auriez préféré un sujet sur la Seconde Guerre mondiale. Un ouvrage de chronologie et un atlas historique vous sont fournis. Ils sont rangés au fond de la pièce et rares sont les étudiants qui perdent du temps à les consulter. Mais vous en êtes réduit à une extrémité telle que vous ne pouvez y échapper. Vous relevez quelques dates. Cela ne suffira jamais ! Et pourtant, vous devez parler quinze minutes ! Pas une de plus, pas une de moins non plus...

Vous vous croyez perdu. Soudain, une idée traverse votre esprit et va peut-être vous sauver. Vous feuilletez nerveusement l'atlas historique. Puis, vous stoppez net, satisfait. Devant vous, deux pages sont consacrées à la guerre d'Espagne. Une longue légende résume ses enjeux et son déroulement. Vous coupez en trois ce texte : vous avez trois parties. Il ne vous reste que quarante minutes. Vous rédigez une introduction précise et une ébauche de conclusion. Vous déployez ces trois parties qui parlent de généraux dont l'atlas ne vous a donné que les noms. Vous y accolez des connaissances annexes. Vous développez le rôle de l'Allemagne et de l'URSS. Vous insistez sur les réactions du Front populaire en France. Finalement, à cinq minutes de la fin, vous êtes plutôt satisfait de votre problématique et du plan. Mais vous ne vous faites aucune illusion. Votre tentative de passage en force ne résistera pas aux quinze minutes de questions du jury. Vous décidez donc de tenter un tour de passe-passe. Vous ajoutez dans le paragraphe sur la France une allusion au rôle du ministre de l'Air du Front populaire et de son directeur de cabinet. Mais déjà, un surveillant vous fait signe de poser votre stylo et de rassembler vos feuilles. Vous le suivez dans les dédales de couloirs. Cette fois, une trentaine de personnes attendent devant la porte. Le candidat précédent vient de sortir. Le jury délibère. Vous attendez devant cette ouverture dans laquelle vous allez vous engouffrer d'un instant à l'autre. Les ombres autour de vous vous dévisagent. Vous reconnaissez l'historienne. Il y a aussi le professeur d'allemand. Vous distinguez des camarades. Mais beaucoup sont des étrangers. Et vous allez être ridicule ! Vous en mourrez ! Votre réflexion se fige là. La porte vient de s'ouvrir. Vous entrez. La foule vous suit. Il n'y a pas assez de place pour tout ce public. Des gens ressortent. La porte est fermée. Vous êtes assis devant cet homme et cette femme qui vous sourient. Mais vous n'esquissez même pas un rictus. Vous êtes mal. Vous allez vous évanouir. Et pourtant, il ne faut pas ! Vous luttez !

L'homme vous fait signe de commencer : vous avez quinze minutes. Vous lisez les premières lignes de votre introduction, puis prenez un air dégagé et convaincu pour expliquer des faits dont vous ignoriez l'existence une heure auparavant. Vous ne perdez pas de vue votre montre. Vous parlez. Vous sentez que vous parlez. Mais vous êtes absent à vos paroles. Vous les entendez comme si elles vous étaient extérieures. Vous vous écoutez parler ! Vous ne réfléchissez pas. Tout est mécanique. Bientôt, vous saisissez la feuille sur laquelle vous avez griffonné votre conclusion et achevez votre exposé. Vous êtes dans les temps et les examinateurs arborent un sourire qui trahit leur satisfaction.

Mais les réponses que vous fournissez maintenant à leurs questions ne semblent pas toujours les contenter. Vous essayez de limiter les dégâts et vous faites plus ou moins illusion. Vient la dernière question décisive. L'homme vous regarde d'un air complice. Il dit se rappeler vous avoir entendu évoquer le directeur de cabinet du ministre de l'Air en 1936. Il trouve intéressante cette remarque et vous demande si vous connaissez son nom. Un murmure traverse la salle dans votre dos. Le public n'imagine pas une seconde que vous puissiez répondre à une telle question. Vous sentez sans la voir que votre professeur d'histoire vient de se crisper. Vous faites mine d'hésiter, de chercher profondément en vous une lumière. Mais vous exultez. Il a mordu à l'hameçon ! Vous laissez peser un lourd silence pendant quelques fractions de seconde, puis vous lancez d'une voix calme le nom de Jean Moulin. Le jury est visiblement étonné. La salle reste silencieuse. Vous devinez le sourire fier de votre enseignante. L'homme vous remercie et vous libère. Vous les saluez poliment et sortez. Le public vous suit. La porte se referme. Les compliments pleuvent. Votre professeur d'histoire est visiblement très satisfaite. Elle vous annonce que vous aurez largement la moyenne. Vous vous gardez bien de lui dévoiler les ficelles du métier. Vous la remerciez et rentrez rapidement dans votre chambre réviser l'épreuve de philosophie du lendemain.

Vous souffrez alors sur « la question de l'origine ». Un ratage officiel. On ne peut pas tout réussir... L'après-midi, vous vous rendez à Cachan pour passer une épreuve de sociologie pour cette autre École normale supérieure. Et vous enchaînez les exposés divers sans même y prendre garde. L'oral d'allemand vous épuise. L'appariteur vous a installé en plein soleil. Vous bouillez. La transpiration perle sur votre front. Vous parlez et de fines gouttes tombent par intermittence sur vos feuilles. Vous voyez les quatre yeux des examinateurs suivre la sueur dans sa chute et la regarder s'écraser sur votre feuille. Vous continuez, impassible. Mais les gouttes diluent l'encre et de grosses taches apparaissent au milieu de vos notes. Vous ne vous y retrouvez plus dans votre préparation. Heureusement, les questions du jury sont pour vous l'occasion de prouver votre aisance dans cette langue. Vous quittez la salle, inquiet. Suit une explication d'un texte de Choderlos de Laclos qui vous permet de malhabiles allusions grivoises vous procurant toutefois la bienveillance de ce jury de littéraires. Le dossier de sciences sociales vous semblera plus facile. L'épreuve de mathématiques dans l'amphithéâtre vous fera aussi mouiller votre chemise. Puis vous passerez l'oral de cartographie. Vous entrerez dans la salle des appariteurs, votre carte sous le bras, et déplacerez les tables sous le regard médusé des candidats dérangés. Vous étalerez votre carte et tournerez autour pendant l'heure de préparation, vous attirant les foudres de vos voisins plus ou moins concentrés sur leur exposé d'histoire ou d'économie. Chaque jour, vous réalisez votre prestation, puis retournez préparer celle du lendemain en caressant le chat couché sur vos genoux.

Mais bientôt, c'est fini. Vous sortez de la dernière épreuve. Reste à attendre dans trois jours les résultats. Vous ne savez plus bien ce que valent vos oraux. Vous avez réalisé ce que l'on vous demandait d'accomplir. Ce que Quentin aurait sans doute désiré vous voir faire. Telle fut la volonté du destin. Et c'est tout.

Dernier souffle

> « *Nunc est bibendum, nunc pede libero pulsanda tellus !* »
>
> HORACE, *Odes*

« MAINTENANT il faut boire, maintenant il faut frapper le sol d'un pied libre ! » Il vous faut surmonter vos doutes, votre défaitisme et vos douleurs. Souriez, puisqu'il faut bien vivre ! Toute votre liberté est justement dans ce pied. Ce pied qui écrase les normes et les lâchetés. Dans quelques minutes, les résultats seront affichés au cœur de la rue d'Ulm. Vous saurez si vous avez fait tout ce chemin pour rien. Qu'adviendra-t-il si vous échouez ? Pourrez-vous encore vous regarder dans une glace ? Vous tremblez. Vous sentez le gouffre qui borne les plus hauts sommets. Survivrez-vous à une chute, même prévisible ? Tout est encore possible pendant une poignée de secondes. Vous pouvez rêver, au cas où le songe ne deviendrait pas réalité. Vous vous voyez dans ce que vous croyez être le temple du savoir. Vous êtes dans la cour, près du bassin. Lucien Herr vous tend un bon bouquin. Puis vous êtes assis dans une salle ensoleillée entre Pierre Janet et Émile Durkheim. Vous les écoutez se chamailler à propos du dernier cours de Fustel de Coulanges. Henri Bergson vous rejoint. Il sort du cours de philosophie d'Émile Boutroux. Vous donneriez votre âme pour être immergé dans un univers intellectuel si attirant.

Soudain, toutes ces silhouettes s'écartent de vous. Vous revenez à la réalité. Vous remontez la rue Soufflot. Le Panthéon est devant vous. Bientôt, vous verrez apparaître la rue d'Ulm. Votre main en tremble. Il va vous falloir y entrer : ce n'est plus qu'une question de minutes. Vous auriez pu, certes, attendre le coup de téléphone d'un complice. Quelqu'un serait sans doute venu au secours de votre détresse. Pourtant, vous voilà à cinq cents mètres d'un bout de papier qui va changer votre vie. Tout votre corps désire découvrir de vos propres yeux l'issue d'une telle aventure. Après tout, c'est votre vie, votre destinée !

À vous, tout n'a pas toujours été dit. Vous avez deviné. Vous avez senti l'haleine de la Parque derrière vous. Il reste maintenant à mettre les *i* sous les points ! C'est le moment, ou bien jamais... Vous avez fantasmé. Vous avez voyagé. Vous avez imaginé. Puisque vous êtes engagé et qu'un pacte vous lie depuis la première ligne que vous avez lue. Vous ignorez encore le verdict du jury, mais déjà vous avez perdu. Vous avez perdu votre ami. Quentin vous manque. Il ne saura jamais combien il a compté pour vous. Il a changé votre vie. Son regard pénétrant vous hantera jusqu'à la fin de vos jours. Quand, chaque soir, vous éteignez la lumière pour vous endormir, vous percevez son visage dans l'obscurité. Vous ne parvenez pas à vous libérer de son spectre. Il y a bien eu son dernier geste... Avant de disparaître, il vous a fait don d'un présent inestimable : sa mémoire. En même temps, il vous maudissait à jamais. Vous n'oublierez pas ce jour où le maître d'internat a frappé à votre porte. Il paraissait gêné. Il vous a dit que les parents de Quentin venaient de vider sa chambre. Ces gens très chics n'avaient pas souhaité vous rencontrer, mais leur fils semblait vouloir vous remettre un paquet. Ils ont respecté cette dernière volonté. C'est pourquoi le surveillant vous a tendu la liasse de feuilles qu'il serrait dans sa main gauche.

Après quelques minutes de bavardages embarrassés, vous avez découvert, enfin seul, le sens des signes que portaient ces papiers. Vous ignoriez que Quentin prenait des notes au fil des jours. Il tenait une sorte de journal. Il y parlait de ses premiers sentiments, de ses premières larmes et de ses premières peurs. Vous avez lu ces pages. Vous avez pleuré. Vous avez vu Quentin évoluer à la cantine. Vous l'avez entrevu au sortir de la douche. Vous avez senti son sourire félin au-dessus de la plume. Vous avez découvert ses doutes, ses désirs, ses passions. Mais vous, qui êtes-vous vraiment ? Vous, c'est un peu Dieu. Écrire pour vous, c'est presque une confession. Mais sans prêtres et sans églises. Sans fautes aussi. Pas besoin de faiblesses pour un *Confiteor*. Ni de regrets pour une reconnaissance. Il est temps d'être vous-même, vous ne croyez pas ?

C'est la fin. Votre crise identitaire doit être dépassée. Le moment est venu de vous assumer. Vous devez accepter et répondre de vos choix. Peu importent ceux qui ne les comprendront jamais. Vous ne direz plus *qui vivra verra*. Vous vivez, vous voyez ! Vous êtes heureux. Vous vous moquez de cette liste d'admis. Vous avez arraché les œillères qui vous aveuglaient. Vous saisissez qui vous êtes. Et c'est déjà beaucoup pour une journée ! Vous riez. Vous pleurez. Vous savez ce que vous voulez. Les passants hagards vous regardent interdits. Le Panthéon est fermé. Tant pis, vous repasserez demain.

Oui ! Vous vous moquez de cette liste. Vous êtes heureux ! Même si vous échouez, vous vivrez. Car vous entrevoyez tout ce que vous n'avez pas dit. Vous en comprenez la raison. Mensonges par omission. Il est des choses ineffables, surtout quand on n'a pas encore vingt ans. Vous faites le tour de la place. Vous pensez à Quentin.

Depuis plusieurs jours, vous vous demandez pourquoi il vous a fait remettre ces pages qu'il avait griffonnées en tous sens. Il savait qu'il vous accablerait d'autant. Chacun de ses mots a un peu résonné dans votre conscience comme une malédiction. Et vous avez souffert. Mais désormais, vous avez compris ! Vous savez et vous voilà libre. Quentin rêvait d'être un Immortel. Il ne pouvait pas mourir. Vous ne vouliez pas qu'il s'éteigne. Ses notes auraient fini dans un carton ou une poubelle. Comment soupçonner que ces quelques phrases barbouillées sur du mauvais papier pouvaient avoir un tel pouvoir ? Dans dix ans, vous y reviendrez sans doute avec nostalgie. Il est impossible de savoir qu'un lieu, un visage marquera votre vie. Vous respirez. Vous inspirez cet air chaud, vide de sens, en cherchant à justifier la rupture qui va naître de cet acte : avez-vous fait le bon choix ? Impossible encore de le dire. Tout est si nouveau, si quelconque. Et pourtant votre main tremble quand vous tournez dans la rue d'Ulm.

Quentin est immortel. Vous le savez. Antinoüs vous sourit depuis son tombeau. Nathanaël aussi. Et Quentin est bel et bien mort. Et alors ? Alors, quand on ne peut pas changer les choses, on change de sujet. Bon sang, faites quelque chose ! À vous de lui donner un destin. Écrivez ! Imaginez le souffle du romancier qui aperçoit pour la première fois son œuvre. Vous distinguez le petit paquet de feuilles qui porte vos mots. Vous découvrez les couleurs de la couverture. En haut, vous reconnaissez votre nom. Au centre, il y a ce titre murmuré cent fois. Quelques lettres qui s'agencent nécessairement pour offrir un son familier. Et tout en bas, la maison d'édition qui a bien voulu de vos gribouillages. Vous ouvrez le livre. Vous caressez ses pages. Vous sentez la douceur du grain du papier sur le bout de vos doigts. Vous êtes satisfait. Les feuillets glissent le long de votre pouce. C'est fantastique ! Joie. Jubilation. Jouissance. C'est nouveau. Vous ne lisez pas tant entre les lignes que sur l'arête des pages. Quentin évolue au fil des passages. Il a changé votre vie. Et le plus étrange est qu'il n'en saura rien.

À quoi pensez-vous quand vous pénétrez dans la rue d'Ulm ? À Quentin ? à votre professeur de mathématiques ? à celui de lettres ? à vos parents ? au matou de l'internat ? En fait, vous ne pensez à rien. Non pas que votre tête soit vide. Au contraire, elle est pleine. Vous êtes heureux. Vous marchez dans cette rue. Un groupe est massé devant les portes du bâtiment scientifique. Les résultats ont été rendus publics. Une demi-heure auparavant, le directeur a proclamé au centre de la cour aux Ernest le nom des vingt-quatre heureux admis. Vingt-quatre, c'est peu. Et si vous en étiez ?

Depuis, des flots de curieux déferlent des couloirs et étages de l'école puis se déversent dans la rue. Tous les yeux scrutent la liste. Des groupes d'enseignants comptent le nombre de leurs élèves reçus. Ce sera le palmarès de l'établissement que publieront les journaux spécialisés. Vous avancez dans la rue. Plus que quelques pas. Une fille se recule violemment. Elle éclate en sanglots : elle vient d'apprendre qu'elle est éconduite. Une amie se précipite pour la consoler. Elles s'éloignent. Vous hésitez à franchir le dernier mètre qui vous sépare de la porte sur laquelle sont affichés les résultats. Vous voilà immobile au milieu des reflux de visages bruyants. Des corps vous frôlent de part et d'autre. Vous tremblez. Qui vous consolera si vous n'êtes pas admis ? Vous cherchez du regard une grimace annonciatrice vous signifiant votre échec. Mais tous vous ignorent et il va falloir vous en remettre à la liste. Un espace s'ouvre devant vous. Vous n'avez pas remarqué une ombre qui vient de s'approcher. Elle vous murmure un chiffre à l'oreille. Vingt-quatre. Thibault observe, satisfait, votre réaction et s'éloigne, son téléphone à la main.

Un immense soulagement s'empare de tout votre corps. Vos muscles se relâchent. Vous êtes le dernier, mais vous êtes reçu quand même ! Vous êtes tellement heureux. Avez-vous déjà été aussi content de toute votre vie ? Pas sûr... C'est merveilleux ! Vous avez réussi. Il semble que rien ne puisse troubler votre joie.

Et, soudain, vous comprenez. Vous comprenez qu'il aurait suffi d'une seule personne pour que vous soyez recalé. Vous regrettez l'euphorie qui vous submergeait une seconde auparavant. Vous pensez à Quentin. Vous imaginez le plaisir qu'il aurait éprouvé à trouver son nom sur la liste. Car il aurait réussi, vous n'en doutez pas. Vous êtes admis et pourtant des larmes vous échappent. Vous appelez une dernière fois au secours : Antinoüs ! Nathanaël ! Personne ne répond. Tout est derrière vous, ou plutôt en vous. Ces peurs sont à vous. Et ces pleurs aussi... Des mauvais souvenirs ? L'homme que vous êtes devenu sait bien qu'il n'en est rien. Ce n'est plus la peine d'épuiser un plein stylo de propos évidés. C'est la fin. Et tout commence. À vous de décider. Vous voilà vivant. Et Quentin aussi. Il vous sourit au travers des lignes.

Que dire de plus ? Cette vie de joies intellectuelles... Quel plaisir ! Ces nuits blanches... Quel délice ! Ce jeune éphèbe... Oui, vous l'avez aimé. Et vous l'aimez encore, je l'avoue.

Composition IGS
Impression : Imprimerie Floch, octobre 2004
Éditions Albin Michel
22, rue Huyghens, 75014 Paris
www.albin-michel.fr
ISBN : 2-226-15396-9
N° d'édition : 23009 – N° d'impression : 61273
Dépôt légal : août 2004
Imprimé en France